30秒探索

绅士伦敦

每天30秒
解读塑造这座城市的50个
关键场景、事件和建筑物

主编
[英] 爱德华·丹尼森
（Edward Denison）

参编
[英] 尼克·比奇（Nick Beech）
[英] 爱德华·丹尼森（Edward Denison）
[英] 艾米莉·吉（Emily Gee）
[英] 西蒙·英格里斯（Simon Inglis）
[英] 阿兰·鲍尔斯（Alan Powers）
[英] 马修·肖（Matthew Shaw）
[英] 简·塞德尔（Jane Sidell）

译者
刘晓安　韩永珍

Edward Denison, 30-Second London
ISBN: 978-1-78240-454-5
Copyright© The Ivy Press Limited 2017
Simplified Chinese Translation Copyright ©2023 by China Machine Press. This edition is authorized for sale in the Chinese mainland (excluding Hong Kong SAR, Macao SAR and Taiwan).

No part of this book may be reproduced or transmitted in any form or by any means, electronic or mechanical, including photocopying, recording or by any information storage and retrieval system, without permission in writing, from the publisher.

All rights reserved.

本书中文简体字版由机械工业出版社在中国大陆地区（不包括香港、澳门特别行政区及台湾地区）独家出版发行。未经出版者书面许可，不得以任何方式抄袭、复制或节录本书中的任何部分。

北京市版权局著作权登记 图字：01-2019-4031号

图书在版编目（CIP）数据

绅士伦敦 /（英）爱德华·丹尼森（Edward Denison）主编；刘晓安，韩永珍译. —北京：机械工业出版社，2022.6
（30秒探索）
ISBN 978-7-111-71062-2

Ⅰ.①绅… Ⅱ.①爱… ②刘… ③韩… Ⅲ.①城市文化-伦敦 Ⅳ.①G155.1

中国版本图书馆CIP数据核字（2022）第119827号

机械工业出版社（北京市百万庄大街22号　邮政编码100037）
策划编辑：汤　攀　刘志刚　责任编辑：汤　攀
责任校对：史静怡　张　薇　封面设计：鞠　杨
责任印制：张　博
北京利丰雅高长城印刷有限公司印刷
2023年2月第1版第1次印刷
148mm×195mm·4.875印张·178千字
标准书号：ISBN 978-7-111-71062-2
定价：59.00元

电话服务　　　　　　　　　网络服务
客服电话：010-88361066　　机　工　官　网：www.cmpbook.com
　　　　　010-88379833　　机　工　官　博：weibo.com/cmp1952
　　　　　010-68326294　　金　书　网：www.golden-book.com
封底无防伪标均为盗版　　　机工教育服务网：www.cmpedu.com

目 录

前言

- 1 伦敦的起源
- 2 词汇表
- 4 地质和地理
- 6 罗马时期的伦敦
- 9 人物介绍：布狄卡
- 10 泰晤士河
- 12 伦敦旧城和威斯敏斯特城
- 14 航海时代的伦敦和大英帝国
- 16 村庄
- 18 庇护所

- 21 伦敦的发展
- 22 词汇表
- 24 伦敦东区和西区
- 26 王室
- 28 议会
- 31 人物介绍：塞缪尔·佩皮斯
- 32 大火
- 34 大型地产
- 36 联排住宅和广场
- 38 城市改造
- 40 郊区

- 43 建筑
- 44 词汇表
- 46 建筑学的出现
- 48 古典风格和巴洛克风格
- 51 人物介绍：克里斯托弗·雷恩
- 52 风格之争
- 54 伦敦郡议会
- 56 现代主义
- 58 野兽派风格
- 60 高科技风格

- 63 艺术和文化
- 64 词汇表
- 66 艺术赞助
- 68 伦敦风景
- 71 人物介绍：查尔斯·狄更斯
- 72 电影
- 74 布鲁姆斯伯里文化圈
- 76 红色公交车和黑色出租车
- 78 朋克
- 80 抗议活动

- 83 创新和学习
- 84 词汇表
- 86 教育
- 89 人物介绍：杰里米·边沁
- 90 博物馆和美术馆
- 92 对世界的了解
- 94 工程
- 96 铁路
- 98 地铁

- 101 商业和休闲
- 102 词汇表
- 104 公园、花园和露天场所
- 106 展会
- 108 市场
- 110 钱，钱，钱
- 112 赛场
- 114 俱乐部
- 116 购物
- 118 剧院
- 121 人物介绍：囗尔·格温

- 123 谜一样的伦敦
- 124 词汇表
- 126 墓地
- 128 伦敦的地下
- 130 犯罪
- 133 人物介绍：夏洛克·福尔摩斯
- 134 酷刑和死刑
- 136 传染病
- 138 消失的河流
- 140 丈量伦敦

"对很多人来说,夏洛克·福尔摩斯仍然是这个时代最伟大的侦探。"

前言

爱德华·丹尼森

伦敦是一座非常特别的城市。很少有其他的现代大都市像伦敦一样拥有如此悠久而连续的历史，从伦敦的街道和建筑、治理和制度、商业和文化就能看出这一点。1世纪时，伦敦在古罗马帝国诞生，到20世纪末时，它在全世界取得了显赫的地位。伦敦的成功在于商品的交换和思想的交流。这种交流是伦敦城界内外的无数民众进行的。随着交流越来越多，伦敦的货架空间被堆得满满当当，从而创造了一项历史纪录。历史让伦敦压力重重，但它也是这座城市的灵感之魂和常变常新的源泉。经久不衰和昙花一现之间有一种脆弱的关系，它们都依赖于这座城市的历史，避免了它停滞不前，也促进了它的发展。作为对这种脆弱关系的回应，本书就这样构思和写就了。这种巧妙的平衡就是伦敦的故事——一个跨越两千年的悲剧和胜利的传奇故事。

伦敦对不同的人有着不同的意义。问那些每日跋涉往返于上班地点的通勤者，他们会强烈地抱怨，但他们还是因为到伦敦市中心的时间并不久而欣慰于自己住在郊区田园诗般的生活里。问学生，虽然他们会抱怨生活成本太高，但还是在伦敦的酒吧和夜总会里挥霍。问伦敦金融城里的银行家或交易员，他们会说自己是这个城市的血脉，但他们却故意榨干了城市的血液。问建筑师，他们会对这座城市的外观发牢骚，但又不顾一切地在本已混乱的景观上留下自己的印记。不要询问城市的规划者，他们看上去并不来自这个星球。当询问游客时，他们深爱这座城市的历史，但痛批陈旧的住宿和过时的地铁。问难民，他们感激这个城市为他们提供的避难场所，但并不知道这个城市过去的作为。问一位伦敦居民，他们乐于抱怨，但同时会默默地感激能够把这座城市称为自己的家，因为这座城市吸引人心、令人激动、开阔眼界，这座城市实现了不可能的事情，它不受控制、离奇有趣、热情好

历史给了伦敦各种灵感。这里有容纳大本钟的新哥特式风格的伊丽莎白塔，有2013年建成的夏德大厦，它让人们回想起伦敦教堂的尖塔，还有附近的萨瑟克大教堂的塔楼。

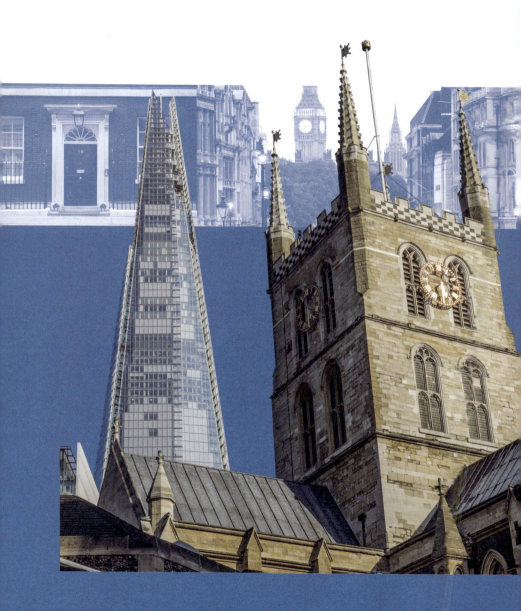

客,且又精彩绝妙。

过去数百年里,在伦敦看到的景致和在伦敦表达的观点中,最著名的要数塞缪尔·约翰逊写于1777年的一段文字:"当一个人对伦敦感到厌倦,那么他对生活也厌倦了。因为在伦敦有生活可以给予的一切东西。"这个不言而喻的道理被不认同自己是伦敦人的那些人所引用,这是合适的,那么谁才是伦敦人呢?伦敦如此之大,如此之复杂,并不是为任何一个个人准备的。但伦敦的吸引力在于它的不可思议,任何人都可以把伦敦当成自己的家,感觉如回到家中一般,而且几百万人正是这么做的。

本书介绍

这本书的作者是生活和工作在伦敦的学者,对他们来说,伦敦是他们工作的主线,无论他们的工作是教学还是研究。这本书旨在展现伦敦的历史,从而让读者理解伦敦的现在。"伦敦的起源",涵盖的内容包括建立伦敦的这块土地,将其作为自己家园的人们,以及那些让伦敦有了多个中心的不同定居者;"伦敦的发展"讲述了为伦敦的发展制定法律和提供资金的人们,以及其大发展所采取的形式,从规划的街道和广场到广阔的郊区;"建筑"介绍了伦敦各式各样的建筑,包括建筑师这个职业的出现以及最新的玻璃和钢结构建筑。"艺术和文化"关注伦敦的创意精神,承认伦敦对创意灵感和文化抵抗的贡献。"创新和学习"探访伦敦的世界级博物馆、美术馆和教育机构,惊叹于这座城市在工程方面取得的成就,其中产生了一些实用性的知识,这些成就让城市发展,让人口兴盛。"商业和休闲"讲述了伦敦的"灵魂",即伦敦人是如何做生意和休闲的。"谜一样的伦敦"发掘伦敦更为离奇的特征,并"揭露"伦敦阴暗的一面。

大英博物馆内,宏伟的穹顶遮蔽着伊丽莎白二世大中庭。由福斯特建筑师事务所重新设计。

10世纪前

43年
罗马人入侵不列颠

50年
伦迪尼乌姆建立

60年
布狄卡领导了反抗罗马人的起义,并摧毁了伦迪尼乌姆

896年
阿尔弗雷德国王在罗马人旧城墙内建立了伦敦堡

14世纪

1348—1349年
黑死病造成伦敦一半的人口死亡

1381年
发生农民起义,这是反对收税的抗议活动

16世纪

1538—1540年
解散寺院的法案使得伦敦和其他地方的大量修道院关闭

1599年
环球剧院开幕

17世纪

1616年
伊尼戈·琼斯设计了伦敦最早的古典建筑女王住所

1665年
大瘟疫使伦敦十万居民丧生

1666年
伦敦大火

每个条目都由"30秒钟游览"组成,其中的精华浓缩成"3秒钟速览"。另外一个"3分钟扩展"通过集中在一个具体的细节来阐述这个主题。在每一章中,"3秒钟人物传记"阐明了与这一主题相关的个人。

18世纪

1710年
由克里斯托弗·雷恩设计的圣保罗教堂完工

1750年
威斯敏斯特大桥完工,它是伦敦最早的"现代"桥梁

1759年
大英博物馆开幕

1780年
发生反对天主教的戈登骚动

19世纪

1829年
伦敦警察厅(苏格兰场)成立

1851年
世界博览会在水晶宫举行

1863年
伦敦地铁开通

1870年
威斯敏斯特议会大厦工程完工

20世纪

1940—1941年
纳粹德国空军对伦敦进行密集轰炸

1951年
"不列颠节"在泰晤士河南岸举行

1976年
伦敦博物馆开馆

1990年
发生了反对本地税变化的人头税暴乱

21世纪

2000年
千禧年庆祝活动主要项目有千禧巨蛋、千禧大桥和"伦敦眼"等大型工程

伦敦的起源

伦敦的起源
词汇表

市府参事（Aldermen of the Wards） 伦敦由25个区组成，从这些区中每6年经选举在参事议政厅担任职务的官员称为市府参事。

《1905年外国人法案》（Aliens Act, 1905） 英国议会的一项法案，首次对进入英国的移民进行管控。

伦敦旧城（City of London） 由伦敦市法团管辖的城市和郡的名称，其地理范围大致是以罗马时期定居者的城墙为界，也被称为"平方英里"。

白垩纪（cretaceous） 距今1.45亿年至6550万年的地质时代，是恐龙时代的最后一个时期。

漂移地质（drift geology） 沉积在陆地上或海洋中的冰川物质，包括沙子和岩石。

大伦敦（Greater London） 伦敦的"大都会"区域，由32个区和伦敦金融城组成，由大伦敦管理局（GLA）管理。

汉萨同盟（Hanseatic League） 位于欧洲北部的组织，其成立目的是保护和促进商业利益。该组织是14至18世纪波罗的海地区的商人公会。

爱西尼人(Iceni) 从铁器时代至罗马人入侵（43年）期间占据英格兰东部的部族。

行业协会（livery companies） 伦敦旧城内的贸易和手工业组织，也称为同业工会（guilds），其名称来源于将不同同业公会区分开的制服。

伦敦金融城市长（Lord Mayor of London） 伦敦金融城法团的负责人，不要和大伦敦市政府的负责人——伦敦市长——混淆。

河上巡游（river pageant） 由船只组成的舰队，通常包含皇家的船只，举办地为泰晤士河，目的是庆祝或纪念重要的国事活动。

立体地质学（solid geology） 基岩等固体"材料"的地质学，这些基岩通常被漂流物和表土所覆盖。

运茶快船（tea clippers） 19世纪在机动船出现前，用来运输来自亚洲的新鲜特产尤其是茶叶的快速帆船。

地质和地理

30秒钟游览

3秒钟速览
伦敦的地质情况和地理位置对其作为当地人类定居点的起源来说至关重要。

3分钟扩展
在过去的44万年里,证明英国曾有过最具异国情调动物的证据就来自伦敦。处于寒冷期时,尼安德特人同长着长毛的猛犸,以及犀牛、洞熊、狼和巨鹿展开竞争。在英国,特拉法加尔广场为10万年前地球最近一次温暖期提供了最好的证据,当时大象、狮子和犀牛在泰晤士河畔的草原中漫步。

伦敦位于白垩纪的白垩纪盆地,被奇尔特恩丘陵、伯克夏丘陵和北部丘陵所环绕。白垩岩层上覆盖有立体地质学意义上的海砂、碎石和黏土,形成了独特的地质构造,它们可追溯至约6000万年前,当时英国还被海水所淹没。海平面发生的变化,使伦敦事实上作为欧洲大陆一部分的时间比其与欧洲大陆分隔的时间要长得多。泰晤士河因约50万年前冰川的作用戏剧性地被强行挤进现在伦敦所处的位置,它拥有舰队河和李河等众多支流,于是伦敦所在的白垩纪盆地就被泰晤士河分成南北两部分,这种格局永远改变了伦敦,原因是泰晤士河以干净的淡水和食物吸引了早期的人类。在冰河时期,冰盖的前进和后退将砂砾送入泰晤士河,这些砂砾沉积成为河流阶地,形成了深入现在河漫滩的"阶梯"。这些砂砾构成漂移地质,在某些区域被从冰盖上吹落的名为黄土或黏土的淤泥所覆盖。在这些河流阶地上,人们已经发现了燧石工具、骨头和植物,并自17世纪起就对它们进行研究,它们记录着人类和动物是如何在泰晤士河畔的寒冷冻土、炎热草原、密林和沼泽中生活近50万年的。

相关主题
泰晤士河　10页

3秒钟人物传记
约翰·科尼尔斯
1633——1694
伦敦古文物研究者,是第一个将燧石工具识别为人造工具而非自然物件的人

本文作者
简·塞德尔

考古人员在伦敦有令人惊叹的发现,包括有关10万年前的大象、狮子、犀牛的证据。

罗马时期的伦敦

30秒钟游览

3秒钟速览

古罗马人曾在伦敦做过什么事情？他们曾带来葡萄酒和文字，建造了道路、修道院和桥梁，给伦敦命名，并让它成为首都。

3分钟扩展

伦迪尼乌姆城（Londinium，伦敦的旧称）的大部分都被摧毁了，抑或深埋于地下，但仍有踪迹可循。人们在伦敦市政厅画廊仍可看见圆形剧场的一部分，而古城墙的一部分仍然耸立着，以圣亚斐奇公园、库珀斯街和塔丘处的城墙最好。伦敦博物馆里展出着成千上万罗马时期的物件，包括拼花图样、雕像、酒罐、首饰、鞋子，甚至小到钱币和耳环。

公元43年，罗马皇帝克劳狄一世率领的罗马人入侵不列颠岛，并在泰晤士河畔的两座山丘上建造了伦迪尼乌姆城。该城最初都是木制建筑，由石子铺成的街道，以及军营，但所有这些都于公元60年被布狄卡女王摧毁。但是伦迪尼乌姆城迅速得以重建，并成为罗马不列颠尼亚行省的省会。规模浩大的建筑包括一座圆形剧院、堡垒以及数座庙宇、城市住房和公共浴室。后来贸易也兴盛起来，这座城市从罗马、叙利亚和埃及进口葡萄酒、香料和陶器，并出口锡、黑玉和奴隶。公元200年左右，修筑了长达3000米的城墙，其高度为6米，将相当于现代伦敦市中心的区域围了起来。在城墙之外通往其他城镇的道路上，排列着一座座坟墓。处于鼎盛时期的伦迪尼乌姆城，其居住人口估计有3万人。这些居民来自不列颠岛、法兰西和其他罗马行省，都把拉丁语作为统一语言。留存下来的证据表明，人们有各种各样的风俗，包括信奉凯尔特人的神灵、希腊古典时代的神灵及东方神灵，如生命女神伊西斯、战神玛尔斯、光明神密特拉以及罗马皇帝本人。公元410年，西罗马帝国皇帝霍诺里乌斯放弃了不列颠岛，伦迪尼乌姆城的人口数量从此下降，建筑物荒废，该区域也沦为"无主之地"，直至公元886年阿尔弗雷德大帝建立了伦敦堡。

相关主题

人物介绍：布狄卡
9页

3秒钟人物传记

提比略·克劳狄乌斯·德鲁苏斯·尼禄·日耳曼尼库斯（克劳狄一世）

公元前10—公元54

在侄子卡利古拉遇刺后，于41年成为罗马帝国皇帝。除不列颠岛外，他还派人成功入侵北非和土耳其。他因妻子（小）阿格里皮娜投毒而身亡。

本文作者

简·塞德尔

公元43年，古罗马皇帝克劳狄一世治下的罗马人入侵不列颠岛后，旋即建立了伦敦旧城（伦迪尼乌姆城），并继续入侵大片北非土地。

公元43年
罗马人入侵不列颠岛。布狄卡此时可能还是个孩子

公元47—48年
爱西尼部族反抗罗马人统治,但功败垂成

公元59年
布狄卡的丈夫普拉苏塔古斯去世,其领土被罗马人占据

公元60—61年
布狄卡领导了一场声势浩大的起义摧毁了科尔切斯特、伦敦和圣奥尔本斯,但她在一场不知名的战役中失败身死,可能是服毒自尽

人物介绍：布狄卡
BOUDICA

布狄卡是英国历史上最早有记载的女性。作为铁器时代的领袖人物，她在公元60年或61年领导了反抗罗马的大型起义，接近胜利但功亏一篑。布狄卡成为古往今来的传奇人物，她的事迹被大肆宣传或篡改，人们将她描绘成高贵的爱国者、残酷的野蛮人、哀伤的母亲、纵情声色的危险野蛮人和女权主义偶像。各种戏剧、诗歌和"小册子"对她的描绘始于其童年，这是极少数英国女性能得到的"荣耀"。

最早确认布狄卡事迹属实的作家是古典时期的作家塔西佗和迪奥。塔西佗用仍然鲜活的记忆写作，而迪奥写作时距布狄卡去世已有一百多年了。人们对布狄卡早年的事情一无所知。她因作为英格兰东部爱西尼族首领普拉苏塔古斯的妻子而出现在历史中。她丈夫的确切头衔尚不确定，但她在通俗文学中总是被称为"战斗女王"。迪奥将布狄卡描述成一位个子高挑、令人望而生畏而且嗓门粗大的女人，她的红色头发长及腰间。

当普拉苏塔古斯于公元59年去世时，罗马人通过暴力手段将其领土纳为己有，他们还鞭打布狄卡，强暴她的女儿们。布狄卡组织了一支军队，开赴至当时由罗马军队退伍士兵所占领的卡姆洛杜努姆（今科尔切斯特），并洗劫了这个定居点。接着布狄卡向"伦敦"进发，按照塔西佗的说法，此时的伦敦"尚不是定居点或是有规划的城市"，但它对贸易来说非常重要。由于不列颠行省总督苏维托尼乌斯只拥有少量的军队，因此他弃城而走，伦敦被布狄卡的军队夷为平地。大量的考古证据证实这里曾经发生过大火，而布狄卡接下来到达的维鲁拉米奥姆（今圣奥尔本斯）也发现了大量的考古证据。布狄卡最终在英格兰中部一个不知名的战场上被苏维托尼乌斯击败。塔西佗认为此战役中有8万名不列颠人战死，而罗马人仅战死400人。塔西佗还描写了布狄卡对罗马战士和平民的极端残暴。

迪奥认为布狄卡因病去世，人们还为她精心举行了葬礼。但在塔西佗笔下，布狄卡服下毒药，大概是为了避免在罗马人通常举行的庆祝胜利仪式上所要遭受的羞辱。人们从未找到过布狄卡的遗物，但很多关于她的神话故事却流传下来。其中最广为人知的是她被安葬在伦敦国王十字火车站的下方。布狄卡摧毁伦敦可能反倒加速了伦敦的发展，通过迅速发展和强有力的城市规划，伦敦从一个小型贸易中心一跃成为罗马行省的省会。此外，布狄卡还摧毁了科尔切斯特和圣奥尔本斯，这也使罗马人需要一个展示其权威的基地，而伦敦从地理位置上讲就非常合适。

历史上人们对布狄卡的描述及她的形象被古罗马人用来显示他们对野蛮人的优越性，并表明女性超越传统性别角色是非正常的，会带来危险。

简·塞德尔

泰晤士河

30秒钟游览

3秒钟速览
泰晤士河对伦敦的发展至关重要，在运输、商业和文化方面发挥了重要作用。

3分钟扩展
泰晤士河警察建立于1798年，是世界上最古老的警察队伍之一。建立泰晤士河警察的目的是保护生命和财产，遏制泰晤士河及其码头和仓库随处可见的猖獗犯罪活动。泰晤士河上的窃贼、袭击者、走私犯甚至"海盗"存在了好几百年，有些还混迹于贵族中，包括弗朗西斯·德雷克爵士。很多海盗从泰晤士河驶入，最后在"绝命码头"被执行死刑，其中最著名的就是基德船长。

泰晤士河的名字来源于凯尔特语"Tamesis"一词，尤利西斯·恺撒曾在其撰写的相关历史书中使用过该词。泰晤士河全长380千米，发源于科茨沃尔德（希尔斯），流向从西向东，然后汇入北海，有90千米长的潮汐区。在44万多年的历史里，泰晤士河"雕刻"出了宽阔峡谷，直到1世纪才由罗马人在现今伦敦桥附近的地方架起了第一座桥梁，而再次建桥则是1209年了。现在伦敦拥有34座桥梁，大部分都是在19世纪建造的。伦敦第一座专供行人通行的桥梁是"千禧大桥"，于2000年建成使用。泰晤士河下方有数条隧道，最著名的一条隧道是位于罗瑟希德由马克和伊桑巴德·金德母·布鲁内尔建造的，在此他们发明了隧道盾构法，从而在不稳定的土地中进行安全开挖。泰晤士河作为港口和交通枢纽近2000年，罗马人在整个帝国范围内进行贸易，位于斯特兰德大街处有一片河滩，这里有撒克逊人的市场，中世纪的商人们在市中心的河滨达成交易，都铎王朝时期的探险家们从这里出发去征服新世界。泰晤士河的管理部门是英国环境局和伦敦港务局，他们监管各种活动，包括货物运输、河上露天表演，甚至还有神秘的传统活动——被称为"数天鹅"的一年一度清点泰晤士河天鹅数量的活动。

相关主题
地质和地理　4页
航海时代的伦敦和大英帝国　14页
工程　94页
消失的河流　138页

3秒钟人物传记
弗朗西斯·德雷克爵士
1540左右 — 1596
探险家、水手和海盗

威廉·基德船长
1645 — 1701
加勒比海地区传奇海盗

伊桑巴德·金德母·布鲁内尔
1806 — 1859
英国最伟大的工程师，负责桥梁、船只、隧道和铁路网络的兴建。

本文作者
简·塞德尔

泰晤士河决定了伦敦的发展，它还是各种动植物的家园。

伦敦旧城和威斯敏斯特城——双城记

30秒钟游览

3秒钟速览
大伦敦拥有两座城市，即伦敦旧城和威斯敏斯特城。这两座城市的特点截然不同，现在仍可看到，它们有不同的政府，不同的警务安排，甚至不同的街道布置。

3分钟扩展
伦敦旧城比它所在的英国的历史更为悠久。其机构如伦敦旧城市长、市府参事和行业协会同君主制度一道被保留了下来。伦敦市法团对伦敦旧城负责，并且从未被纳入范围更广的"大伦敦"政府。尽管围城而建的城墙早已消失，伦敦旧城的边界还是由"铁龙"塑像清楚地标示出来，而"铁龙"则源自伦敦的盾形纹章。

历史学家约翰·斯托于1598年起开始对伦敦进行测量，他仅用一个下午的时间就穿过伦敦旧城并了解这座城市。当时的伦敦仍是一座中世纪的城市，它被古老的城墙、塔楼和城门环绕，密密麻麻地布满了低矮的房子和狭窄的街道。当时伦敦的天际线由教堂的尖塔、城东的伦敦塔和城西的圣保罗大教堂构成。伦敦嘈杂喧嚣，空气污浊，人口稠密，在斯托的时代，伦敦有20万居民。这座城市白天充满活力，但夜晚却很安静。伦敦是商业的中心，也是日常用语和书面语言的中心，其管理者是市长和市府参事，他们是由掌控手工业和商业的同业工会成员选举出来的。威斯敏斯特城距离伦敦旧城仅一英里，主要建筑有白厅、圣詹姆斯宫和威斯敏斯特圣彼得协同教堂。威斯敏斯特城是王室和国家的所在地。将伦敦旧城和威斯敏斯特城联系在一起的是斯特兰德大街，它连接着泰晤士河两岸，将朝臣的庄园和王室的宫殿联系在一起。在王室和伦敦市长分别管辖的两城之外，遍布剧院、逗熊坑、妓院和主教住宅的新区纷纷出现，暗示了伦敦未来的发展。这些新区包括位于泰晤士河南岸的萨瑟克和伦敦塔以东的斯皮塔佛德。

相关主题
村庄　16页
伦敦东区和西区　24页
大量伦敦　140页

3分钟人物传记
约翰·斯托
1525左右—1605
古文物研究者，1547年成为"麦钱特泰勒斯"裁缝行会的一员，于1598年完成了对伦敦的测量。

约翰·斯特莱普
1643—1737
教士、古文物研究者，信仰新教胡格诺派，作为丝绸商人和捻丝厂主，他于1720年修编了《斯托测量》一书，对伦敦大量的细小变化进行了记录。

本文作者
尼克·比奇

在威斯敏斯特城和伦敦旧城里，分别供奉圣人彼得和圣人保罗的宗教建筑非常显眼。

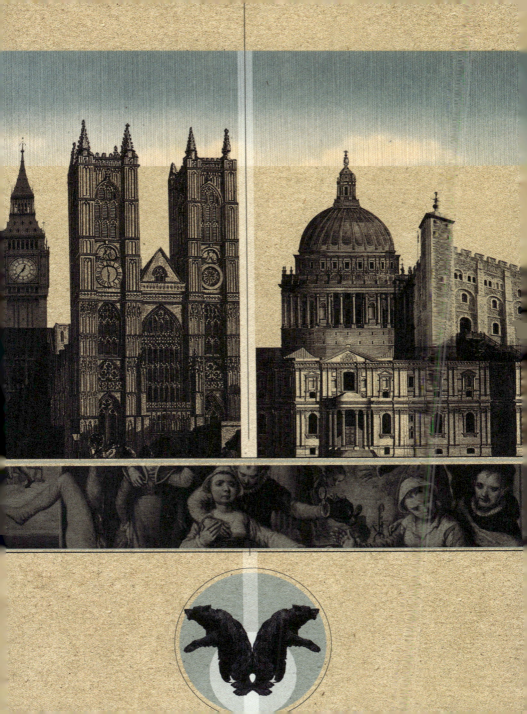

航海时代的伦敦和大英帝国

30秒钟游览

3秒钟速览
船只从伦敦的码头起航前往世界各地，从事贸易、战争和帝国的建设。

3分钟扩展
从17世纪早期起，捕鲸就是港口经济的重要组成部分，鲸脂被转化制作成油料用于照明。人们组建舰队，先在北冰洋捕捞露脊鲸，随后业务扩展至各地，甚至包括太平洋。总部位于伦敦的南海公司是第一个从事捕鲸活动的公司。捕鲸贸易的鼎盛时期为18世纪晚期，此时捕鲸的船队拥有数十艘舰船，它们从格陵兰岛的码头出发，捕杀着数千头鲸鱼。

从罗马时期起，伦敦就是世界贸易不可或缺的一部分。12世纪时，汉萨同盟就在伦敦设立了贸易总部，接着人们设立了很多贸易公司从事商贸活动，为政府获取利润。其中尤为知名的是东印度公司，它于1600年建立，在亚洲从事香料贸易。商人们在泰晤士河畔绵延数公里的码头上进行交易，由于码头挤满了船只，人们从17世纪起又开挖建造了人工码头以增加船只停靠能力，这其中就包括黑墙码头和西印度公司码头。人们还在下游建造了军事基地，为海军建造船只和武器，其中就包括德特福德码头和伍尔维奇军械库。河边滩涂上还进行船只的拆解工作，不具有航行价值的船只在这里被拆解。商业船队满世界进行贸易，随着18世纪和19世纪大英帝国的发展，伦敦作为大英帝国的核心，也变得越来越重要。船只装载着货物，也装载着帝国的子民们，当中有行政人员、军人、艺术家，甚至罪犯。现在永久放置于格林尼治干船坞的"卡蒂萨克号"运茶快船，是航海时代的伦敦保留下来的最好的遗迹之一。

相关主题
泰晤士河　10页

3秒钟人物传记
约翰·霍金斯
1532——1595
商业探险者、贸易商、私掠船船长、间谍和奴隶贩子，是与西班牙无敌战舰交战的海军少将。

本文作者
简·塞德尔

从17世纪的本地捕鲸到19世纪的全球贸易，伦敦一直在蓬勃发展。

村庄

30秒钟游览

3秒钟速览
从中世纪圈地时期起，村庄并入伦敦花费了几百年的时间，但大部分都发生在工业革命和伦敦经济发生彻底的变革之后。

3分钟扩展
19世纪中期的铁路建设，使得环绕伦敦中心区的农村几乎完全被并入伦敦，原因是乘坐铁路可通勤往返于新建的郊区。"大都会郊区"一词就是以"大都会铁路"来命名的。人们在铁路两侧修建了大量的住宅，从而占据了大片的土地，将德特福德、卡姆登和肯迪什镇等区域的农村牧场变成了砖瓦地。

在伦敦旧城和威斯敏斯特城这两座中世纪城市以外，分布着修道院地产、庄园、田地、林地和村庄，形成了独立的商业网络。它们服务庄园主或修道院，但也为城市人口提供食物和其他必需品。一些村庄拥有被特许经营的市场，例如柏京市场可追溯至1175年。达利奇、斯特拉特福德和伊斯灵顿等众多村庄很久之前就被并入了伦敦，其他一些村庄则在1348—1349年黑死病流行期间废弃了，但海格特村等一些具有历史意义的遗迹被保留了下来。都铎王朝期间，泰晤士河沿岸修建了宏伟的建筑，将伦敦旧城和威斯敏斯特城连接起来，而在1538—1540年解散修道院后，克勒肯维尔村等周边的村庄被并入伦敦。亨利八世解散修道院的法案导致在接下来的一百年里，人们在大量的农田上修建了建筑，此后在查理二世期间伦敦西区的布局问世。人们兴建了大型庄园，皮卡迪利和科芬（考文特）园等新区出现，把骑士桥等村庄纳入其中。在乔治王时代，贵族们渴望拥有伦敦旧城内的房产，于是出现了贝德福德广场等建筑杰作。随着泰晤士河沿线和进入伦敦旧城道路沿线的发展，沃平和切尔西等河边的居民点也成为伦敦城市的一部分。

相关主题
大型地产　34页
联排住宅和广场　36页
郊区　40页

3秒钟人物传记
P.G.伍德豪斯
1881—1975
国际知名作家，他在多部出版的书籍中以"峡谷地"的假名描写达利奇村，使之流传千古。

本文作者
简·塞德尔

伦敦是一个具有多中心的城市，其古老的村庄形成了由微型中心构成的大型网络。

庇护所

30秒钟游览

伦敦曾经是帝国的中心，是航海贸易的枢纽，其条条街道也可以提供与世隔绝或不易为人所知的场地，于是便为那些逃离伤害或寻求更大程度政治、宗教乃至性宽容之处的人们提供了庇护场所。从17世纪逃离法国宗教迫害的信奉新教的胡格诺派人士，到后来逃离法国大革命和俄国革命的人们，定期涌入的大量外来移民在伦敦的城市生活方面留下了特殊的印记。英国的自由还为逃离政治迫害的人们提供了安全保障，他们都在大英博物馆的阅览室里找到了知识的避难所。在1905年《外国人法案》实施以前，成千上万的犹太人逃离东欧大屠杀，在伦敦尤其是怀特查佩尔（白教堂）地区找到了住所，而到了20世纪30年代，则有更多的犹太人逃离纳粹德国在伦敦找到了庇护之地。第二次世界大战期间，除个人外，很多完整的流亡政府也在伦敦成立了，其中包括待在帕特尼的捷克斯洛伐克政府和位于波特兰广场的波兰政府。这些人口和机构的涌入丰富了伦敦的文化生活，从而形成了今天国际化的伦敦。伦敦还常常提供其他形式的庇护，最著名的便是苏活区或沃克斯豪尔的夜总会和酒吧。

3秒钟速览

伦敦的城市环境可能没有特色，但肯定是国际化的。几百年来，它提供了政治、宗教和其他形式的庇护。

3分钟扩展

从17世纪起，伦敦的人口数量超过了所有英国其他城市和大多数欧洲城市。这种现象的原因是该城市外来移民比重大。其中大部分是国外移民，包括美国独立战争期间的保皇派、19世纪三四十年代政治危机时期的意大利人、德国人和法国人。到了1910年，有2.74万德国人、1.13万法国人、1.1万意大利人以及14万犹太人居住在伦敦。

相关主题

航海时代的伦敦和大英帝国　14页

3秒钟人物传记

爱德华·贝奈斯
1884—1948
1939—1945年任捷克斯洛伐克流亡政府总统。

本文作者

马修·肖

伦敦这座相对开放和包容的城市提供的庇护场所吸引了来自世界各地的人们。

伦敦的发展①

伦敦的发展
词汇表

巴洛克风格（baroque） 16世纪晚期起源于意大利的艺术风格，强调运动、华丽和气派。

闪电战（the Blitz） 第二次世界大战早期（1940年9月—1941年5月），德国空军对英国城市进行战略性轰炸。该词来源于德语"Blitzkrieg"，意为"闪电战"。

换岗仪式（Changing of the Guard） 在英国女王位于伦敦的住所白金汉宫进行的军事仪式，大约每隔一天举行一次。仪式中前一班卫兵将守卫王宫的职责交给下一班卫兵。

哥特复兴（Gothic Revival） 18世纪中期起源于英国的艺术风格，后传播到整个世界。它从所谓"原产于"中世纪的哥特艺术和建筑中得到灵感，通常故意有区别于欧洲大陆的古典主义。

绿带（green belt） 英国主要大城市周围受保护的农田区域。绿带是根据20世纪中期限制城市扩张的规划法实施的。

马厩（mews） 大街背后的小街道，最初设计用来作为马厩，但后来被改造成为居民区。

样板住宅（model cottage/dwellings） 19世纪由慈善机构推广的新型经济型建筑样式，旨在减轻城市平民面临的尖锐住房问题。

新古典主义（neoclassical） 对古典时期艺术样式和图形的艺术重振，起于18世纪晚期，一直持续至20世纪早期。

安妮女王风格（Queen Anna style） 英格兰巴洛克时期，流行于安妮女王统治时期（1702—1714年）的建筑风格。特点是华丽的装饰和绚丽的红砖。该风格在19世纪末和20世纪初经历过复兴。

王室复辟（the Restoration） 英国内战后，查理二世治下的英国王室于1660年复辟，通常指查理二世的整个统治期，直至1685年。

英国皇家学会（the Royal Society） 1660年建立的科学院，旨在促进和推动各种形式的科学研究。

半独立式（semi-detached） 两个住宅共用一面界墙的结构。

灰泥（stucco） 由水泥、沙子、石灰和水混合而成的抹面材料，在砖石建筑中使用，形成平整的表面或装饰性外观，通常为白色。

别墅（villa） 乡村和郊区环境中完全独立或半独立式的住宅，有"虚饰"的含义。

伦敦东区和西区

30秒钟游览

3秒钟速览

伦敦东区和西区的外表之下，有着伦敦古城墙之外共同的移民史，以及国际化文化和休闲风气。

3分钟扩展

是什么导致伦敦东区和西区有着不同的历史轨迹呢？部分原因是不同的土地所有权。西区是在大贵族庄园的土地上发展起来的，而东区则是在以前教会属地上发展起来的，在亨利八世解散修道院后，教会交出了这些地产。考文特花园是16世纪起大地产所有者开发伦敦西区的"样板"，东区则通常更为支离破碎，受制于码头所有者的开发模式。

在人们常见的印象中，伦敦有两面。伦敦的西区有由灰浆精细粉刷的广场和联排住宅，拥有高端时尚品牌，以及世界知名的餐馆，甚至可以讲述灯红酒绿故事的戏剧院和歌剧院。而东区则拥有狭窄的巷子、各式酒吧、来自全世界的街边小食、工人居住的房子、"开膛手杰克"和黑社会。但东、西两区的历史是平行发展的。它们在16世纪时都还是郊区，西区吸引了希望与威斯敏斯特宫接近的人们，而东区则吸引了对港口和码头有需求、逃离伦敦市法团直接控制的人们。伦敦西区不光只有财富和休闲，大量居民从事制造、贸易和艺术创作。其各个不同的区域，如布鲁姆斯伯里、苏活、费兹洛薇雅等，都在财富浪潮中浮浮沉沉，或许只有贝尔格莱维亚和梅菲尔保留了高档住宅区的地位。伦敦东区长期以来都是有益身心健康的居住区，其剧院和音乐厅曾经能与西区的媲美。但东区尤其是斯皮塔佛德、斯特普尼、波普拉和西汉姆，具有较高的国际化程度，但饱受工业革命之苦，并在第二次世界大战德国闪电战的空袭中遭受毁灭性打击。

相关主题

伦敦旧城和威斯敏斯特城　12页
庇护所　18页
联排住宅和广场　36页
城市改造　38页
剧院　118页
犯罪　130页

本文作者

尼克·比奇

人们对伦敦东区和西区的普遍印象是，东区比较商业化和国际化，而西区则追求娱乐和休闲。

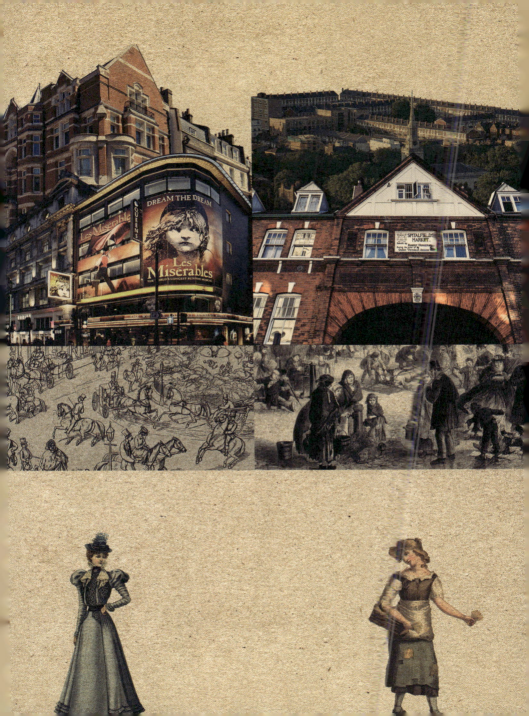

王室

30秒钟游览

3秒钟速览
白金汉宫是英国王室礼仪上的中心，但它只是围绕伦敦的众多王室居所中的一处。

3分钟扩展
白厅宴会厅是1619年由伊尼戈·琼斯设计的。其内部有皮特·保罗·鲁本斯绘制的精美天花板，它歌颂了詹姆士一世的宽仁统治。宴会厅外面便是他儿子查理一世的半身像。这幅天花板上的绘画是查理一世1649年被国会斩首前看过的最后物品之一。查理一世被处死，开启了英国一千多年历史上第一次也是唯一一次的共和国时期，它仅仅持续了11年。

如今英国王室掌握和行使的真正权力很有限，但执行各种本质上具有象征意义的宪法角色。王室对英国尤其伦敦来说，是一个强大的磁石。白金汉宫是王室的总部所在。其新古典主义的正立面，正对着建于1913年的林荫道。白金汉宫背后的大部分建筑建于19世纪中期，当时维多利亚女王决定让此宫殿成为她在伦敦的居所。在此之前，王室有多处居所，如中世纪时期居住的威斯敏斯特宫，随后是先后被居住过的白厅和圣詹姆斯宫。白金汉宫是一座"繁忙"的建筑，它主办国家级的仪式庆典，每年吸引超过50万游客。在它的775间房间中，女王和她周围的人仅占据了9间房间。沿着林荫道，矗立着克拉伦斯宫，这里是查尔斯王子的"迷你"宅邸，而威廉王子、哈里王子和其他王室成员都居住在肯辛顿宫。调查显示，大约五分之一的英国人，其中包括数位伦敦的头面政治家，支持英国成为共和国。但是旅游业从业者、蜂拥前来观看换岗仪式的人们，或徘徊在戴安娜王妃纪念喷泉前眼睛湿润的人们则认为共和派人士是纯粹的"傻子"。共和思想过去曾被认为是叛国的罪行，它曾不可避免地导致伦敦塔的出现，伦敦塔是另一处彰显王室势力强大的地方。

相关主题
艺术赞助　66页
抗议活动　80页

3秒钟人物传记
维多利亚女王
1819 — 1901
英国国王，其治下是大英帝国前所未有的大发展时期。

伊丽莎白二世女王
出生于梅菲尔的布鲁顿街，1952年登基，2015年成为英国历史上在位时间最长的君主。

本文作者
西蒙·英格里斯

英国王室在过去一千年中曾占据过伦敦各种各样的宫殿，而白金汉宫是相对距今较近期的。

议会

30秒钟游览

忘了伦敦西区吧，因为伦敦一些最好的剧院便位于议会大厦内部。议会一词是"盎格鲁—诺曼"词汇，意思是"交谈"或"辩论"。1834年的一场大火摧毁了古老的中世纪建筑群，仅有威斯敏斯特大厅得以幸免。在为修建新的议会大厦而进行的竞争中，查尔斯·巴里和奥古斯都·普金获胜，他们设计了宏伟的哥特式威斯敏斯特宫，从1840—1870年，花费30年时间才完工。现在该建筑群已被联合国教科文组织列为世界文化遗产，但是其未来尚不确定。大量维多利亚时代的材料急需修复，这一过程要数年时间才能完成，需花费数十亿英镑的费用。议会的平民院是立法机构，也被称为"下院"（"下议院"）。其议员是由全国650个选区的选民们选举出来的，其中73个选区位于伦敦。毗邻"下院"的贵族院被称为"上院"（"上议院"），但是其权力受到了严格的限制，所有议员都并非经选举产生，这并不像其他现代民主国家。要进入上院或下院，公众须首先穿过于中世纪修建的宏伟的威斯敏斯特厅，英国议会于13世纪在这里建立。其古老的墙壁呐喊着"知晓你的位置！"，而墙壁的回声则传来"权力属于人民！"

3秒钟速览

英国议会两院在泰晤士河畔威斯敏斯特宫的一座建筑中已运行了750多年。

3分钟扩展

很多人称议会大厦中的钟楼为"大本钟"。事实上，大本钟是人们对钟楼内大钟的昵称。其直径接近2.7米（9英尺），是白教堂铸钟厂曾铸造过的最大的钟。该铸钟厂的现址位于伦敦东部，可追溯至1670年，非常值得一游。大本钟钟声独特的一个原因是大钟于1859年被悬挂就位后的几个月里出现了一条裂纹。

相关主题

伦敦旧城和威斯敏斯特城　12页
风格之争　52页
伦敦郡政务委员会　54页
抗议活动　80页

3秒钟人物传记

查尔斯·巴里爵士
1795—1860
建筑师，最因其设计的宏伟哥特式议会大厦而为人们所记住。

奥古斯都·威尔比·诺斯摩尔·普金
1812—1852
建筑师、设计师，他呼吁回到中世纪哥特式风格，其设计了威斯敏斯特宫的内饰。

本文作者

西蒙·英格里斯

威斯敏斯特宫从13世纪起就是议会辩论的所在地。

1633年
出生于伦敦舰队街

1644年左右
在亨廷顿文法学校（前身是奥利弗·克伦威尔学校）上学

1651年
进入剑桥大学麦格达伦学院

1655年
受雇于爱德华·蒙塔古爵士家庭，成为秘书

1660年
获得海军委员会的秘书职位

1665年
被选为英国皇家学会会员

1684年
被选为英国皇家学会会长

1703年
在伦敦克拉珀姆去世

人物介绍：塞缪尔·佩皮斯

SAMUEL PEPYS

塞缪尔·佩皮斯于1633年出生于伦敦。他的父亲约翰·佩皮斯是一位裁缝，母亲玛格丽特是白教堂地区一位屠夫的女儿。尽管出生微寒，他最终还是在亨廷顿郡继承到一处小小的地产，在这里他度过了一段童年时光，并在亨廷顿文法学校上学。佩皮斯善于学习，并在1651年进入剑桥大学麦格达伦学院学习。他完成本科学业后，于1655年获得了硕士学位。回到伦敦后，他受雇于爱德华·蒙塔古（即后来的桑威奇伯爵），并证明自己是一名具有才能的职员。他在海军中的影响力不断增加，比任何竞争者都要能干和熟练。他的组织才能和描述复杂行政管理的能力为他赢得了赞誉，让他当选为英国皇家学会会员，后来还当选为会长。在他的晚年，佩皮斯在麦格达伦学院设立了一个大型图书馆，该图书馆被保存至今。但佩皮斯的名声却来自一项截然不同的行为。

从1660年起，佩皮斯开始写日记，持续了九年之久。也许他是幸运的，因为就在他住在伦敦期间，伦敦经历了最戏剧性的政治和物质上的变革，如1665年的大鼠疫、1666年的伦敦大火和随后重建。但正是佩皮斯非同寻常地精确描述这些事件，并直截了当地坦率记述自己和他人的行为，让他成为伦敦"最伟大"的日记作者，超过了他的朋友约翰·伊夫林，尽管后者的学术生活则更为丰富。

佩皮斯的日记详细记述了一些位于伦敦最重要的机构和政府部门的内部工作机制（他就是将伦敦大火的消息告知查理二世的那个人）。他的日记满载英国王室复辟期间伦敦每日令人高兴的事情和让人分神的事情，如戏剧、音乐、时尚、艺术、科学、政治和宗教生活，以及每天的日常生活。他的日记还让人们深入了解一位雄心勃勃、聪明过人，且在两性关系上不检点的伦敦人的生活。他经历了这个城市所能提供的各种经历，如受国王信任或被囚禁于伦敦塔，弹奏音乐或动手术，享受精美的食物或为海军提供食物补给，海上和石子小路上的旅程，他在夜里休息的时候还构思着新的日记。

佩皮斯于1669年停止了记日记，原因是他担心视力的损伤可能会导致失明。后来他未完成的作品、简短的备忘录和报告被保留了下来，但他未能在这些作品中保持其日记的质量和一贯的才华。佩皮斯于1703年去世。

尼克·比奇

大火

30秒钟游览

火灾曾极大地改变了伦敦的景观，造成了可怕的破坏，但也催生了建筑上的更新。伦敦早期曾经发生过大火，如1135年"圣灵降临节"的大火。即使在今天，学校学生也能脱口而出1666年这个年份，这一年的一场可怕大火在四天时间里席卷了中世纪的伦敦旧城。虽然据记录只有六人丧生，但大火对建筑物的影响是灾难性的，超过1.3万户住宅、接近90个教区教堂和圣保罗教堂被烧毁。火灾的起因是布丁巷上一家面包房的火星。克里斯托弗·雷恩曾有进行大规模重建的计划，但对速度方面的要求使得伦敦保持了大致同过去一样的街道规划，这些规划现在仍然清晰可见。雷恩仍按照巴洛克风格重建了圣保罗教堂，而且伦敦的建筑风格不再是原来的样子一成不变，高楼层不再被允许建造，上下拉动的框格窗必须往里收，并且木头也被砖石取代了。1834年，威斯敏斯特宫被烧毁，并以哥特复兴式的风格得以重建，从而在维多利亚女王整个长时间统治时期对伦敦的建筑产生了影响。这还导致伦敦消防队于1865年成立。纳粹德国于1940年至1941年期间对伦敦展开闪电战，当空袭把这座城市的中心轰得震天响时，英雄的建筑师们一直关注着圣保罗教堂的顶部，因为他们知道，伦敦人的士气取决于教堂的存亡。

3秒钟速览

从1666年大火到第二次世界大战伦敦闪电战时期，发生在伦敦的数次大火摧毁了建筑物和人们的生命，但也随着伦敦的重建，激励一种新的建筑精神。

3分钟扩展

在第二次世界大战闪电战期间，伦敦大约有两万人丧生，而城市大量区域被摧毁。炸弹轰炸效果图一丝不苟地记录下整个城市建筑物的受损程度，并对战后新修的建筑物进行了说明。建筑物的损失引发了战时规划法律和受保护建筑名录体系的出现，后者可在战后重建中识别和保护最为重要的建筑物。而战后重建是通过大胆的城市规划和新型现代主义建筑精神来实现的。

相关主题

现代主义　56页
大量伦敦　140页

3秒钟人物传记

克里斯托弗·雷恩爵士
1632—1723
在伦敦大火后制定了伦敦重建的宏伟计划，但只有最重要的教堂得以建造。

塞缪尔·佩皮斯
1633—1703
在自己的日记中生动地描绘了伦敦大火期间的景象和声音。

查尔斯·霍尔登和威廉·霍尔福德
1875—1960和1907—1975
制定了伦敦旧城规划，并展现和保护了圣保罗教堂的景观。

本文作者

艾米莉·吉

数百年里，大火和人类同样塑造了伦敦。

大型地产

30秒钟游览

伦敦的西区主要是由街道和住宅组成的"地产项目",它们是由国王、贵族、慈善组织、公司和普通人等土地拥有者以盈利为目的开发的。这种模式始于布鲁姆斯伯里广场,这里于1661年左右由南安普敦伯爵开发,构成了贝德福德地产的基础。到了1800年,"新路"(今马里波恩和尤斯顿路)南边的大部分地区,以及公园巷以东的区域被相互关系紧密的土地所有者占据了。到1770年后,开发的速度加快了。晚一些出现的是摄政公园里经灰泥粉刷的宫殿、贝尔格莱维亚的格罗夫纳家族的地产以及地位稍低一些的皮姆里科地产。这些地产开发项目在"地租"方面带来了缓慢但稳固的收益。这些住宅所在的街道在同一时间签订租约,通常到期时间为99年后。受到该租约的限制,这些住宅让后人们能有机会进行整体重建。最好的住宅,面朝花园广场,背后还有马厩,通常有不同大小的户型。另外为教堂留出的土地还增加了社区的颜面,而位于布鲁姆斯伯里的贝德福德地产则通过拒绝设立酒吧或商店而维持了自己的独特性。

3秒钟速览

伦敦历史悠久的地产项目是由那些以其名字命名街道和广场的贵族地主建造的。

3分钟扩展

一些宏大的地产项目现在仍然由最初建造它们的家族持有。街道名称通常是从头衔和住所衍生出来的,所以如果你看到拉塞尔(家族名)、塔维斯托克、恩兹利和沃本等乡间住宅的名字时,你就会意识到自己身处贝德福德(公爵)的土地上。但现在大型住宅的拥有者除了公爵之外,还有来自私人公司和海湾国家主权财富基金等商业地产开发商。

相关主题

伦敦东区和西区
24页
联排住宅和广场
36页
古典风格和巴洛克风格 48页

3秒钟人物传记

约翰·格温
1713—1786
建筑师,他编制了《伦敦旧城和威斯敏斯特城改造方案》,敦促土地所有者建造更好、建筑上更壮观的项目。

约翰·萨默森
1903—1992
建筑历史学家,他于1946年出版的《乔治王时代的伦敦》揭示了大型住宅项目的故事。

本文作者

阿兰·鲍尔斯

随着伦敦的发展,大量位于其周边的乡间土地被开发商买下,这些地产项目就变成了街道和广场。

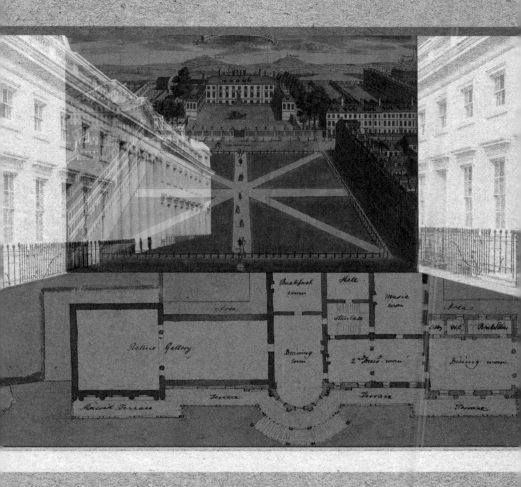

联排住宅和广场

30秒钟游览

伦敦街景的一个关键特征就是联排住宅。这些住宅通常有三四层楼高，带有一个通常用作储物间和厨房的地下室，其顶层供佣人使用。这种独特的建筑样式是1666年伦敦大火后发展起来的。联排住宅为砖结构，不那么容易被大火烧毁。新颖的上下拉动框格窗，鉴于绳子上铅坠的巧妙设计，可以方便地打开半扇窗户，有着优良透气性能，窗户重量也更轻。最为重要的是，联排住房占地面积小，为土地所有者和投机者们提供了丰厚的回报。富裕的家庭买得起整栋住宅，联排住宅是对他们更宽敞的乡间住宅的补充。不那么有钱的人则租住一层楼甚至单个房间。很多联排住宅里都设有"车间"，例如在裁缝聚集的萨维尔街便是如此。无论是过去还是现在，最高档的联排住宅本身就是广场的一部分，广场的中央有花园。在伦敦，有80多处广场都受到议会法案的保护。罗素广场等多数广场向公众开放，但有一些广场则是私人广场，仅在六月的"花园广场开放周末"可供游客参观。受保护最好的是乔治王时代的联排住宅，它们建于18世纪70年代，位于贝德福德广场。这些住宅现在多数用作办公室，也证明其广泛的适应性。

3秒钟速览
伦敦中心的特征，在很大程度上要归因于随处可见并广受人们喜爱的乔治王时代和维多利亚女王时代的联排住宅和花园广场。

3分钟扩展
尽管"广场"成为伦敦的象征，但第一座广场的基础却是法国人的设计，而且被赋予一个意大利名字。考文特花园内的"皮亚萨"广场建于17世纪30年代，以其现代程度震惊了伦敦市民。尤其让人感到极度与众不同的是皮亚萨广场西侧的圣保罗教堂，其建筑师伊尼戈·琼斯称它为"英格兰最漂亮的大型简单建筑物"。这座教堂是很多街头表演者最喜爱的背景。

相关主题
大火　32页
大型地产　34页
人物介绍：克里斯托弗·雷恩　第51页

3秒钟人物传记
尼古拉斯·巴尔朋
1640左右—1698
伦敦首位商业地产开发商，建造了楼层高占地小的联排住宅。

约翰·卡斯尔思·希尔
1857—1915
地产开发商，在伦敦北部建造了大量联排住宅。

丹尼斯·塞维斯
1948—1999
美国人，在斯皮塔佛德的一所住宅中竭力重建了原来的内饰，这栋房子曾经是胡格诺纺丝工人的住宅。

本文作者
西蒙·英格里斯

广场和联排住宅成为伦敦建筑的标志特征。

城市改造

30秒钟游览

3秒钟速览
维多利亚女王时代，伦敦社会化住宅的拥护者们思考如何用高强度材料、良好的卫生条件和精心的规划帮助改进穷人的居住条件。

3分钟扩展
1900年左右，打字机和电话的问世创造了一种新的办公场所，这里雇佣女性员工，她们也需要体面的住处。以挣钱为目的住宅开发企业遵循精英女性住所的传统，为职场女性和中产女性开发了宿舍和公寓。这种新型住宅以小隔间或小卧室为特色、配有像家一样舒适的客厅和餐厅，从而培养新生的职场女性群体中的同事情谊。

伦敦长久以来都拥有社会改革家，这些人推动慈善和市政住房项目以改进穷人的居住条件。由阿尔伯特亲王领导的改善劳工阶层生活条件协会于1849年在布鲁姆斯伯里建造了家庭样板住宅，建筑师亨利·罗伯茨引入了露天阳台和"多楼层"的设计。社会改革家沙夫茨伯里勋爵倡导仁慈的工厂工作环境，支持大规模的大城市改造项目，规划铺设新的道路，建设拥有现代标准供水和排污设施的新型建筑。为纪念他的善举，皮卡迪利广场里矗立着一尊"基督慈善天使"的塑像。伯德特·库茨男爵夫人将自己的财产捐给多个改造项目，如哥伦比亚市场附近的社会性住房。伦敦的首个市级住房项目是位于肖迪奇区的邦德利住宅项目，兴建于1890~1900年。老尼克尔贫民窟被拥有学校和工厂的名为"启蒙计划"的住宅项目所取代，该项目的中心是一处高地，高地上拥有音乐演奏台，项目中有彩砖建筑物、安妮女王风格的三角墙和铺有瓷砖的标示牌，这些都表明经过"深思熟虑"的建筑和规划是多么振奋人心。

相关主题
伦敦郡议会 54页
工程 94页
铁路 96页

3秒钟人物传记
乔治·皮博迪
1795—1869
现代慈善的先驱，从19世纪60年代起为人们提供具有艺术性的体面住宅

伯德特·库茨男爵夫人
1814—1906
她支持多项慈善事业并资助了贝斯纳尔格林地区的分阶段住房项目。

奥克塔维亚·希尔
1838—1912
为露天空间而呼吁，建造了样板住房。

本文作者
艾米莉·吉

工业化要求对基础设施和住房进行较大的改进。

郊区

30秒钟游览

独立式别墅被绿树成荫的街道上的私人庭院所环抱，它们提供了空间、私密、健康和清洁，以及花园和小块农田里的"大自然"19世纪初，这一潮流在圣约翰伍德率先兴起，后来成为人们向往的生活方式。便宜的火车使得技术工匠长距离通勤变得可行，于是出现了"工匠别墅区"，这里密密麻麻的联排住宅沿着道路一字排开，这些住宅有两层楼高，不带地下室，配有凸窗。这些房子绕着伦敦呈环状发展起来，形成了风格单一但现在却令人向往的住宅区。位于奇斯威克的贝德福德公园建于19世纪70年代，它是爱德华国王时代具有建筑设计、花园般的郊区在艺术上的先驱。随之而来的便是占地更宽的临街半独立式住宅，其地方特色不那么突出，构成了范围更大的环状住宅区，直至1938年因"绿带"的兴建而缩减规模。它们被建筑师和知识分子所诟病。在此期间，伦敦郡议会在伦敦郡外兴建类似密度较低且风格单一的住宅项目。1945年以后，伦敦郡议会倾向于同时包含"高楼"和"低楼"的"混合发展"策略，私营部门则进行包括公寓和独门独院住宅的多元化开发，埃里克·里昂斯为斯潘房地产开发公司设计的地产项目则达到了建筑和景观规划的顶峰。

3秒钟速览

郊区旨在同时提供城市和乡村的优点。伦敦松散的规划结构鼓励郊区的发展，服务所有收入阶层的人们。

3分钟扩展

郊区和交通是联系在一起的。地铁线路控制了住房的价格，但环保主义者对日常生活中人们如此之多的开车出行所产生的排放感到非常担忧。宽阔的绿地和长长的花园可能不再符合人们的需求，但郊区相对于农业用地更有利于生物的多样性。郊区还是外来人口在不断融入城市道路上的"驿站"。

相关主题

村庄　16页
伦敦郡议会　54页
铁路　96页

3秒钟人物传记

乔治·格罗史密斯和威登·格罗史密斯夫妇
1847 — 1912和1854 — 1912
在1892年出版的《小人物日记》中，创造了郊区喜剧情侣人物普特夫妇。

约翰·贝杰曼
1906 — 1984
获奖诗人，在纪录片《伦敦郊区》（1973年）中对郊区进行讽刺。

埃里克·里昂斯
1912 — 1980
建筑师，为斯潘房地产开发公司开创了现代主义的郊区生活方式。

本文作者

阿兰·鲍尔斯

现代化把中产阶级从城市中心解放出来。

建筑①

建筑
词汇表

建筑电讯派（Archigram） 形成于20世纪60年代的先锋前卫建筑师群体，其未来主义风格的项目和改革思想引发了争论，他们将建筑、技术和社会结合在一起，于1964年提出了"插入式城市"的概念。

装饰艺术（Art Deco） 一种装饰艺术风格，流行于20世纪20~30年代，以几何形状、对称设计和高度风格化的自然形式为特征。

艺术和手工艺（Arts and Crafts） 一场进步的艺术运动，于19世纪末起源于英国。很快扩展至全世界。强调传统手工艺和贸易比现代工业生产方式更能带来社会和经济效益。

巴洛克风格（baroque） 16世纪晚期起源于意大利的艺术风格，强调运动、华丽和气派。

扶壁（buttress） 靠在墙壁上的石制结构，用于抵消来自上方结构（如屋顶）的侧向力。

古典的（classical） 来自或涉及古希腊或古罗马古典艺术、文化或传统。

立体主义（Cubism） 起源于20世纪早期的艺术形式，强调形式结构，将对象的多种视角结合起来，并将形式简化为纯粹的几何轮廓或"立方体"。

启蒙运动（the Enlightenment） 发展于18世纪的哲学运动，强调理性和对现存思想、政治、宗教和教育机构进行批判性评价。

哥特复兴（Gothic Revival） 18世纪起源于英国的艺术风格，后来传播到整个世界。它从所谓"原产于"中世纪的哥特艺术和建筑中得到灵感，通常故意有别于欧洲大陆的古典主义。

受保护建筑（listed buildings） 英格兰、苏格兰和威尔士境内，具有历史意义或建筑价值的建筑物，因被列入法定名录，而受到相关文化遗产机构不同程度的保护。

帕拉弟奥风格（Palladian） 一种文艺复兴建筑风格，来源于安德烈亚·帕拉第奥（1508—1580）的建筑和文字作品。这种风格以使用对称设计和对古典主义的和谐运用而闻名，其在英国的第一位实践者是17世纪建筑师伊尼戈·琼斯。帕拉第奥的原则和元素后来成为整个欧洲新古典主义建筑词汇的重要来源。

三角拱（pendentive） 一种建筑方法，可以在方形房间之上放置圆形穹顶或在长方形房间上方放置椭圆形穹顶。

后现代主义（Postmodernism） 从20世纪70年代起对现代主义的理论、原则和实践在所有艺术形式方面进行的批判性回应。

文艺复兴（the Renaissance） 欧洲艺术、文学和学术的根本性复兴，开始于14世纪，标志着中世纪向现代社会的转变。

斯图亚特王朝（the Stuarts） 1603年至1714年间的动荡王权统治，在此期间大不列颠联合王国成立。

建筑学的出现

30秒钟游览

3秒钟速览
在17世纪初伊尼戈·琼斯之前，伦敦没有古典风格的建筑。该风格成为此后200年占据统治地位的建筑风格。

3分钟扩展
在伊尼戈·琼斯设计白厅和格林尼治女王住所之前，伦敦的很多建筑都呈对称、古典风格的比例和源自古代的装饰图案。琼斯是第一个带着印刷版本的建筑规则法典和安德烈亚·帕拉弟奥等大师设计图原稿从意大利回到英国的人。琼斯的"图书馆"不仅改变了他自己设计的建筑，也改变了伦敦的建筑，从而第一次以学科的形式在英格兰建立了建筑学。

1614年，詹姆士一世任命一位服装和剧场设计师担任王室工程的测量师。这位测量师的名字叫作伊尼戈·琼斯，他彻底改变了英国的建筑。琼斯之前只设计过被称为"假面舞会"的大型戏剧演出，对建筑设计几乎没有经验。但在游历了意大利之后，琼斯了解了古代的建筑和意大利文艺复兴时期的建筑，以及绘图技巧和比例、对称和古典样式的规则。琼斯设计的宴会厅（1619—1622年）、安妮女王的住所（1616—1637年）和圣保罗教堂（1631—1633年）受到整个欧洲的赞赏。琼斯发明了一种独特的古典建筑语言，这种建筑语言比例严格、构图严谨，且装饰精细。他还设立了负责设计的"建筑师"这一职位。建筑师不是石雕或木工等技艺方面的大师，而是绘画的大师。琼斯的命运同斯图亚特王室的名誉紧密相连，在查理一世被斩首后，琼斯的影响日渐式微。他的同事约翰·韦伯继承了琼斯的藏书和图纸，但在查理二世期间未能施展同琼斯一样的影响力。又过了50年，直到科伦·坎贝尔和伯灵顿勋爵的到来，琼斯和他的帕拉弟奥建筑风格才在伦敦的建筑设计中取得了完全的主导地位。

相关主题
古典风格和巴洛克风格　48页
艺术赞助　66页
伦敦风景　68页

3秒钟人物传记
伊尼戈·琼斯
1573—1652
他的父亲是威尔士织布工人，本人最初是皇室大型戏剧演出的设计师。琼斯受到意大利之行的启发，将古典建筑设计第一次带到了英国。

约翰·韦伯
1611—1672
于1628年加入琼斯的团队。他与琼斯的关系常常超过了工作上的关系，他称琼斯为自己的"叔叔"，并娶了琼斯家族的人为妻。

本文作者
尼克·比奇

伊尼戈·琼斯得到古典意大利建筑的启发，他在伦敦的创作受到整个欧洲的景仰。

古典风格和巴洛克风格

30秒钟游览

英国的巴洛克风格建筑师们相当具有创造性，有意避开了古典建筑的严格规则。克里斯托弗·雷恩、尼古拉斯·霍克斯穆尔、约翰·范布勒和詹姆斯·吉布斯在伦敦大火后创作了质量极高且前无古人的建筑作品。雷恩设计了圣保罗大教堂和伦敦旧城内的大多数教堂，包括圣史蒂芬·沃尔布鲁克教堂的精美内饰。霍克斯穆尔使用源自古代波斯和罗马等地的大量形象来构成其建筑。虽然这一个时期最好的巴洛克设计能在民用和军用建筑物中找到，如范布勒设计的军械局大楼，但为伦敦景观增色最多的还是宗教建筑。古典风格的图形同中世纪教堂的布置结合起来，产生了非凡的作品，没有其他建筑比霍克斯穆尔设计的斯皮塔佛德基督堂、布鲁姆斯伯里的圣乔治教堂和莱姆豪斯的圣安妮大教堂更为杰出了。到了19世纪早期，随着约翰·纳什和约翰·索恩的成名，伦敦建筑出现了新的创新。纳什设计了摄政公园如画的景观以及摄政街通往皮卡迪利和干草市大道大片蜿蜒的缓坡地带；索恩对悬挑穹顶的非凡设计（索恩式穹顶），再一次打破了古典主义的严苛约束。

3秒钟速览

伦敦大火之后，出现了巴洛克风格的建筑，其因发明和展示新思想而得到瞩目。

3分钟扩展

由于巴洛克建筑师试图提出建筑设计的新理念，他们借鉴了大量的传统观念，吸收了中世纪的建筑和古代非古典建筑（例如古代埃及、波斯和其他非基督教的建筑）。建筑方面的巴洛克运动受到了英国皇家学会启蒙运动原则的影响，该原则认为知识并非来自书面权威，而是来自实践经验。

相关主题

大火　32页
建筑学的出现　46页
人物介绍：克里斯托弗·雷恩　51页
风格之争　52页

3秒钟人物传记

尼古拉斯·霍克斯穆尔
1661左右—1736
建筑师，同雷恩和范布勒是同事，负责他那个时代最伟大的教堂工程。

约翰·索恩
1753—1837
建筑师，用独特方式进行设计，其最好的作品陈列于约翰·索恩爵士博物馆和达利奇美术馆。

本文作者

尼克·比奇

雷恩在解决设计圣保罗教堂的圆顶问题时，运用了先进的科学研究。

1632年10月20日
出生于英格兰维尔特郡的东诺伊尔

1650年
在牛津大学瓦德汉学院学习拉丁语和亚里士多德哲学

1657年
被任命为伦敦格雷欣学院天文学教授

1661年
执教牛津大学萨维尔天文学教席

1663年
成为英国皇家学会创会成员

1669年
被任命为皇家工程测量师,担任该职位至1718年

1673年
因为王室效力被封为爵士

1680年
成为英国皇家学会会长

1723年
于2月25日去世,被葬于圣保罗教堂,其拉丁语墓志铭为"如果你要寻找他的纪念碑,就看看你的四周吧"

人物介绍：克里斯托弗·雷恩
CHRISTOPHER WREN

每一个时代都有自己的英雄，但很少人能像建筑师、政治家和博学家克里斯托弗·雷恩一样，即使在风云诡谲的17世纪也是如此耀眼。雷恩永远被人们视为英国最著名的建筑师之一，主要原因是他设计了伦敦旧城中心的圣保罗大教堂，但他的成就远不止这座曾长期主宰并决定了伦敦天际线的非凡建筑物。

作为老克里斯托弗·雷恩和玛丽·考克斯唯一活下来的儿子，莱恩小时候身体不太好，但生活舒适。他在家接受教育，在数学方面很有天赋。1650年，他开始在牛津大学学习。他于1653年获得硕士学位，并继续他的研究工作，直至被任命为伦敦格雷欣学院的天文学教授。1657—1661年，他在该校工作。在这里他于1660年11月28日进行了"学术学会"的首次讲座，该学会于1663年得到皇家许可后，成为英国皇家学会。1661年，他回到牛津大学，执教萨维尔天文学教席。

雷恩对科学的兴趣很广泛，包括天文学和医学，但正是在刚起步的建筑学方面汇聚了他的多项才能。在17世纪60年代中期，他得到了第一批建筑方面的委托工作，包括1664年为牛津大学设计谢尔登剧院和1665年为剑桥大学彭布罗克学院设计一座教堂。他于1665年游历了法国和意大利，这次旅行点燃了他对巴洛克艺术风格的激情，而这种风格出现在他为伦敦已凋敝不堪的圣保罗大教堂的重建设计中。但1666年伦敦大火席卷全城，摧毁了成千上万的住宅和商店，对雷恩而言，关键之处在于伦敦的大部分教堂和圣保罗教堂都被摧毁了。如果说有一个人处在对的时间和对的位置，那么这就是1666年9月的克里斯托弗·雷恩。短短数周内，他就起草了伦敦的规划总图，建议用现代方式对伦敦的街道进行重新规划，布置宽阔笔直的街道和大型广场。尽管雷恩的建议未被采纳，但他于1669年被任命为皇家工程测量师，让他成为半个世纪中全英国最有影响力的建筑师。

圣保罗大教堂的设计和建造于1711年完工，这是雷恩一生工程的主要内容。他设计的工程还包括伦敦大火纪念碑（1676年）、格林尼治皇家天文台（1676年）、剑桥大学圣三一学院图书馆（1692年），以及为退役士兵服务的切尔西皇家医院（1692年）、格林尼治海军医院（1696年）和伦敦的51座教堂。

风格之争

30秒钟游览

1836年，建筑师奥古斯都·普金出版了一本名为《反差》的书。普金皈依罗马天主教不久，他传达的信息很简单，即古典风格的建筑小气、堕落且属于异教徒，而中世纪的建筑宏伟、优越且神圣。中世纪建筑的尖顶拱、扶壁、有装饰的表面和不规则的正面，表明这是一种更受欢迎的风格，也是基督教堂的天然形式。在美学与道德的辩论中，普金点燃了"风格之争"。1834年，他同查尔斯·巴里爵士一道设计了议会大厦，强调一种支持"哥特式"风格的民族主义论点。上一辈的建筑师们可以开开心心地选用这种或那种风格，而现在却有了严格的界限，建筑师必须做出选择。1849年，约翰·拉斯金出版了《建筑的七盏明灯》，"哥特式复兴风格"已获得胜利，得到了人们认可。威廉·巴特菲尔德设计的圣玛格丽特街拥有条纹状的砖和极具装饰性的内饰，成为宗教建筑的典范。但伦敦新建的民用建筑以及学校、住宅和图书馆等慈善项目爽快地采用了新哥特式风格，如乔治·埃德蒙顿·斯特里特设计的皇家司法院、阿尔弗雷德·沃特豪斯设计的自然历史博物馆和乔治·吉尔伯特·斯科特设计的米德兰德大饭店。

3秒钟速览

由于担心"道德上的腐化"，伦敦的建筑师们放弃了古典设计风格，转向中世纪的哥特式风格。

3分钟扩展

"风格之争"指的是1856年至1860年间，围绕着威斯敏斯特宫白厅的新建政府办公室的设计，曾经历漫长的竞争，人们表示这是一场相当混乱的论战。这场论战是在不同的政治派别间进行的，"哥特式风格"代表了保守主义，而"古典风格"则代表了自由主义。事实上，风格上的偏好通常在政治上是模棱两可的，评论家普金和拉斯金在道德方面的论述尽管威力巨大，但却没有那些倡导者所希望的那么有影响力。

相关主题

议会　28页
城市改造　38页

3秒钟人物传记

奥古斯都·威尔比·诺斯摩尔·普金
1812—1852
建筑师、设计师，他倡导回归中世纪哥特式设计风格。

威廉·巴特菲尔德
1814—1900
建筑师，其设计的圣玛格丽特街极具争议，是新哥特式教堂设计的典范。

约翰·拉斯金
1819—1900
艺术和社会评论家，他支持工匠，反对古典主义。

本文作者

尼克·比奇

约翰·拉斯金是古典风格和哥特式设计风格之争的关键人物。

伦敦郡议会

30秒钟游览

3秒钟速览

伦敦郡议会在约100年的时间里，经历了从古怪到无趣再到有时候令人恐惧的变化，在形成伦敦的建筑风格方面起到了作用。

3分钟扩展

20世纪50年代早期，伦敦郡议会里的建筑师倾向于保守的艺术风格和源自手工艺的风格，而政治上的温和派则想要极端的野兽派风格。这种奇怪的逆转是建筑政治上放纵的病症，而非关注问责制或用户的反馈，这导致伦敦郡议会的声誉下降。最终，英国政府担起管理各种类型建筑物和其预算的责任。伦敦郡议会本可以更好，但我们没办法再次看到类似的机构了。

1889年，伦敦郡议会取代了掌管伦敦旧城以外28个区的大都市工程委员会，有权向基础设施建设及服务功能提供资金。从1965年起，该议会成为大伦敦议会，管辖范围扩展至伦敦以外的市镇，直至1986年被解散。伦敦郡议会在初成立时，由进步党的成员主导，他们的优先工作是用邦德利街住房项目等更高质量的住房来取代贫民窟，他们还修建托特当菲尔兹等位于伦敦郡之外的住房项目，并修建消防站和学校。室内建筑的艺术和手工艺设计风格受到建筑师W.R.莱塞比的影响，他于1894年被任命为伦敦郡议会艺术监督。新乔治王风格在两次世界大战期间占据了主导地位，但1945年后，现代主义取而代之，实际上伦敦郡议会建筑师们组成了世界上最大的建筑师事务所。广为人知的项目包括皇家节日音乐厅和一些住房项目，住房项目包括位于罗汉普顿的阿尔顿东和阿尔顿西住房项目，这里互相竞争的建筑师队伍分别倾向于田园牧歌式景观中更为温和或更为强烈的现代主义的版本。历任伦敦郡议会的首席建筑师罗伯特·马修、莱斯利·马丁和休伯特·贝内特都让年轻建筑师获得更早的设计机会，但最聪明的建筑师倾向于离开，然后独立执业。

相关主题

郊区　40页
现代主义　56页
野兽派风格　58页

3秒钟人物传记

威廉·爱德华·莱利
1852—1937
伦敦郡议会首任建筑师，建立了让激进年轻的设计人员开展团队工作的传统。

J.莱斯利·马丁
1908—2000
可能是战后建筑方面最有影响力的人物之一，于1946~1956年在伦敦郡议会工作。

爱德华·霍兰比
1921—1999
1949~1962年担任伦敦郡议会住房建筑师。

本文作者

阿兰·鲍尔斯

伦敦郡议会负责规划、住房、教育、消防队和电车轨道等一系列事物。

现代主义

30秒钟游览

3秒钟速览
野兽派风格看上去不那么友好，住起来也冷冷的，它解放了结构和精神，但不能阻止英格兰的雨滴坠地。

3分钟扩展
建筑样式有规律地改变，但现代主义作为改变的一步，相当于建筑中的石头取代了木头。现代主义是由意识形态和时尚同时推动的，并试图能改变世界。富有同情心和温和的"软"现代性同"硬"现代性进行着斗争，是冷酷无情的效率和经济性取胜，还是人文价值取胜呢？在"清除历史"的最初推动力消失之后，野兽派这种没有装饰的风格能具有长久的吸引力吗？

英国的工艺美术运动在1900年后转向了怀旧，而寻求风格上改变的主动权则转到了欧洲大陆。19世纪90年代时，少数先驱者，如曾设计一些地铁站的查尔斯·霍顿，变成了现代主义者。现代主义基本上是属于年轻人的艺术风格，受到抽象艺术和对"阳光"的追求的影响，既追随时尚，又相信通过设计可以实现社会进步。"立体派"别墅看起来像平顶白墙的工厂，因而受到人们的批评，而纯粹主义者则嘲笑现在被称为装饰艺术的现代风格，因为这种风格让样式具有了装饰性。在外国人的帮助下，英国在20世纪30年代赶了上来。1934年，贝特洛·莱伯金从第比利斯出发经巴黎来到伦敦，他把伦敦动物园的"企鹅"放置在弯曲的坡道上，并在克勒肯维尔（伦敦过去的芬斯伯里区）设计了英国首个现代主义风格的医疗中心。在罗恩路公寓里，加拿大建筑师威尔斯·科茨为知识分子设计了非常小的公寓房间。逃离纳粹德国的难民中有沃尔特·格罗皮乌斯和埃里希·门德尔松，他们前往美国之前在切尔西的旧教堂街建造房屋，一栋挨着一栋。彼得·莫洛留了下来，他设计了皇家节日音乐厅的内饰和正面。第二次世界大战后，现代主义几乎已司空见惯，但产生了一种被称为野兽派艺术的新风格。

相关主题
野兽派风格　58页
高科技风格　60页
展会　106页

3秒钟人物传记
威尔斯·科茨
1895—1956
现代主义运动的领袖，其作品包括草坪路公寓和位于格洛斯特10号王宫门公寓。

贝特洛·莱伯金
1902—1989
使用混凝土和表面设计的大师，他设计了高点公寓、伦敦动物园大厦和芬斯伯里健康中心。

彼得·莫洛
1911—1998
战后于伦敦建造了学校、住宅及自己的布莱克西斯住宅。

本文作者
阿兰·鲍尔斯

现代主义风格的建筑里，既有伦敦知识分子的住宅，也有动物园里动物的住所。

野兽派风格

30秒钟游览

3秒钟速览

与其说残忍,不如说是严酷的爱。在一个越来越"机器人化"的社会中,野兽派艺术以存在主义的方式呼唤着人性。

3分钟扩展

雷纳尔·班纳姆在自己1966年出版的书籍《新野兽派艺术》中发问,"野兽派艺术关乎道德问题还是审美?"野兽派艺术渴望一种新的建筑道德,但这种道德主要在审美方面找到表达。这种艺术风格在21世纪前几乎被人们遗忘了,但又逐渐重回到公众的意识当中,用于表达任何大型或粗放的物品。"野兽派"一词的负面含义阻碍了公众对该派建筑的了解,比如由史密斯森设计的公寓"罗宾汉花园"。

野兽派这个有情感意味的词,同"野兽"没有任何关系,其来源模糊。它用来描述20世纪50年代后现代主义风格建筑的特征,即没有纹饰的真材实料,古怪形状挑战传统样式并避免精美或精致,关注建筑物内外的运动(人行)路径。野兽派风格的主要特征是钢筋混凝土,但也使用砖材、钢材和木材。野兽派只能被理解为年轻一代对20世纪30年代中期至1951年"英国节"期间处于主导地位的温和现代主义的反应。这种风格似乎痴迷于看上去巧妙但可能很俗气的外观。野兽派风格怀念现代主义最早的大师们,这些人中就有勒·柯布西耶,他在第二次世界大战后设计具有表现力的建筑赋予了野兽派运动的大部分视觉特征,尤其是混凝土被粗放地使用。该艺术风格还体现了维多利亚时代的哥特式风格,以及艺术及手工艺风格的社会和艺术道德。野兽派作为一种思想和设计方式得到了全面的传播,从其思想的大熔炉中产生了下一波艺术风格,包括建筑电讯派、高科技派和后现代派。很多现在被打上野兽派标签的建筑师,如拉斯顿、斯宾塞、斯特林和高文等,都拒绝这一标签。

相关主题

伦敦郡议会　54页
现代主义　56页
高科技风格　60页

3秒钟人物传记

P.雷纳尔·班纳姆
1922—1988
历史学家、评论家,他最早在出版界命名了野兽派,并在自己于1966年出版的书籍中为野兽派撰写了墓志铭。

艾莉森·史密斯森和彼得·史密斯森
1928—1993和1923—2003
野兽派艺术的"明星",他们设计了位于圣詹姆士大街上造型流畅的"经济学人"集团大楼。

本文作者

阿兰·鲍尔斯

艾莉森和皮特·史密森于1952年被打上野兽派标签,然后他们试图理解这个标签的意味,但不等他们反应,野兽派很快便在建筑经典中传播开来。

高科技风格

30秒钟游览

英国早期的工程传统，在维多利亚时代的铁路基础设施和大型展览馆中就能看见，它在20世纪的高科技派建筑运动中得到了复兴。伦敦的高科技风格建筑物采用了新型材料，展示了自身的结构，并在设计中具有灵活性。地标性的劳埃德大楼由理查德·罗杰斯所拥有的建筑师事务所于1982~1988年设计，它将伦敦金融城的景象置于新型现代的灯光之下，但它高耸的中庭向与其相邻的建筑、属于维多利亚女王时代的肉类批发利德贺市场致敬。高科技风格并非专属于办公楼和工业界，伦敦一些最时髦的私人住宅也是高科技风格，比如位于汉普斯特德保护区建于1976年的霍普金斯住宅，它们的特征是布局灵活，材料来自传统商业。就算是最平凡常见的活动，如在杂货店买东西，也可以在位于卡姆登镇引人注目的高科技风格的盒状大楼里进行。在这里，有建于1988年由尼古拉斯·格雷姆肖和团队设计的塞恩斯伯里超市，与其同处一地的还有一系列粗大的钢筋墩子、居民住宅，由G.F.宝德利设计的一座教堂和摄政运河。将新旧建筑物混合在一起的传统也可见于保得利大厦，这是由迈克尔·霍普金斯建筑师事务所于1998~2001年期间为国会议员们设计的办公楼，这里充分考虑环境的设计，同议会大楼的屋顶景观及垂直窗户相得益彰。

3秒钟速览

高科技风格的发展，颂扬了英国在工程方面的伟大传统，并引领了一种新型的建筑风格，这种风格具有实用性、表现力和未来主义的特征。

3分钟扩展

具有讽刺意味的是，建于1988年的劳埃德大楼作为伦敦最著名的高科技风格建筑物之一，却深受传统的"浸淫"。该建筑是伦敦历史最悠久的保险公司的办公楼，它的"内饰展示于外部"，其内部亮闪闪的钢制厕所间、电梯和通风井，相当引人注目。它的内部结构可调节，适应商业办公实际的变化。大楼内高高的玻璃天井装有让人眼花缭乱的升降电梯，与以前劳埃德总部入口处乔治王风格的会议室形成了鲜明对比。

相关主题

现代主义　56页
野兽派风格　58页
工程　94页

3秒钟人物传记

理查德·罗杰斯勋爵
其作品包括千禧宫和为父母设计的位于温布尔登的玻璃和钢结构住房。

诺曼·福斯特勋爵
其作品包括被称为"小黄瓜"的圣玛莉·艾克斯大街30号大楼。

迈克尔·霍普金斯爵士和帕特丽夏·霍普金斯夫妇
其作品包括前金融时报大楼扩建的部分、布拉肯大厦和2012年伦敦奥运会自行车馆。

本文作者

艾米莉·吉

高科技风格大楼具有大胆的未来主义风格，但也常同历史和周围环境相映衬。

艺术和文化①

艺术和文化
词汇表

波西米亚风格（bohemian） 一种艺术特征，其生活方式和对工作的态度是不受传统规则和习惯的约束。

卡姆登镇艺术家群（卡姆登镇集团，Camden Town Group） 20世纪早期，位于伦敦北郊卡姆登镇的一群艺术家。他们对城市生活的表达后来成为第一次世界大战前英国艺术的重要时期。

宪章派人士（Chartists） 工人阶级的活跃分子，建立于1836年，旨在为政治改革和工人阶级的权力而开展运动。

欠债人监狱（debtors' prison） 一种监狱，欠公共机构或私人钱财的人被关押于此，直至欠账被偿清为止。

狄更斯式的（Dickensian） 类似查尔斯·狄更斯笔下19世纪的英国，尤其是伦敦的这一时期的风格，通常体现为肮脏的环境状况。

唐宁街（Downing Street） 位于伦敦中心离白厅不远的道路，拥有首相官邸（唐宁街10号）和财政大臣官邸（唐宁街11号）。

1780年戈登骚动（Gordon Riots，1780） 由新教联合会会长乔治·戈登勋爵领导的反对天主教的抗议活动，发生的缘由是1778年的天主教救济法案，该法案导致遍及伦敦的大范围暴乱和抢劫。

哥特复兴（Gothic Revival） 18世纪起源于英国的艺术风格，后来传播到整个世界。它从所谓"原产于"中世纪的哥特艺术和建筑中得到灵感，通常故意有别于欧洲大陆的古典主义。

大奥蒙德街（儿童）医院（Great Ormond Street Hospital） 于1852年在伦敦中心设立的儿童医院，具有开创性，专门为儿童提供住院服务。

"hackney carriage" 出租车的一种，因驾驶员持有的特殊驾照而与其他出租车截然不同。这种驾照允许驾驶员停车候客或排成一列。

1381年农民起义（Peasants' Revolt, 1381） 肯特郡和埃塞克斯郡农民的起义，引发瓦特·泰勒领导的示威游行和史无前例的占领伦敦塔运动。年轻的国王理查二世同农民进行谈判，但他后来撤回了让步，泰勒后被伦敦市长所杀。

宗教改革（the Reformation） 16世纪英格兰教会从天主教会中分裂出来，促成其发生的因素较多，包括欧洲的新教改革和天主教会禁止亨利八世同其首任妻子来自阿拉贡的凯瑟琳离婚的想法。

文艺复兴（the Renaissance） 欧洲艺术、文学和学术的根本性复兴，开始于14世纪，标志着中世纪向现代社会的转变。

贫民窟（rookeries） 19世纪因快速工业化和城市化导致大量出现的贫穷、拥挤的住所。

妇女参政运动（suffragette movement） 成立于19世纪晚期的女性组织，后在20世纪早期演变为一场争取妇女权利尤其是投票权的政治运动。

济贫院（workhouse） 为穷困无资产的人提供住宿，换取其"无技巧劳力"的机构，于14世纪建立，在20世纪被废止。

艺术赞助

30秒钟游览

3秒钟速览
几百年来，伦敦的艺术舞台得到了这座城市里最富有也最有影响力的居民的资助。艺术依靠这些人蓬勃发展，也在一定程度上被这些人塑造。

3分钟扩展
1768年，34名杰出的艺术家和建筑师成立了英国皇家美术学院，不仅旨在展示这个国家最优秀的作品，还试图通过教育和公众辩论来促进艺术。皇家美术学院成立一百年后，搬到位于皮卡迪利大街的伯灵顿大厦，目前仍然是英国领先的艺术机构之一。皇家美术学院拥有英国最古老的美术图书馆，还举办公共辩论和每年的夏展。

在三百年的时间里，伦敦从英国的艺术中心成长为世界艺术之都。这种惊人变化的原因可追溯至16世纪，当时宗教改革和欧洲文艺复兴使得教会和王室放松了对艺术的严格管控。在伦敦贵族兴起以及其大豪宅出现的同时，出现了艺术的商业化以及使用大豪宅作为私人美术馆的情形。艺术还被作为推动社会福利和道德良善的力量。18世纪的画家兼讽刺作家威廉·霍佳斯是伦敦育婴堂的发起人和负责人，他鼓励将育婴堂作为艺术展览和演出的场所，定期上演亨德尔的清唱剧《弥赛亚》。以"巴黎沙龙"的方式通过展览对艺术进行赞助，是18世纪伦敦的一个特点，这也是对"巴黎沙龙"的一种替代。业余爱好者协会（1732年成立）、伦敦育婴堂、英国艺术家协会（1761年成立）和英国皇家艺术、制造和商业推进会（RSA，1754年成立）一同预示了1768年英国皇家美术学院的成立。1863年成立的艺术俱乐部与其竞争对手、1891年成立的切尔西艺术俱乐部继续在整个19世纪赞助艺术的发展。

相关主题
伦敦风景　68页
博物馆和美术馆　90页

3秒钟人物传记
约书亚·雷诺兹
1723 — 1792
1768年英国皇家美术学院的发起成员和首任院长

约翰·索恩
1753 — 1837
建筑师兼皇家美术学院教授，将其位于林肯郡因菲尔德斯的住宅变成一座博物馆，收藏其艺术、建筑手工艺品和古董

查尔斯·萨奇
1943 —
英国最重要的艺术赞助者之一，在整个20世纪90年代赞助了"英国年轻艺术家"项目，闻名遐迩。

本文作者
爱德华·丹尼森

英国皇家美术学院的首任院长是约书亚·雷诺兹。学院自1867年起就占据了伯灵顿大厦。

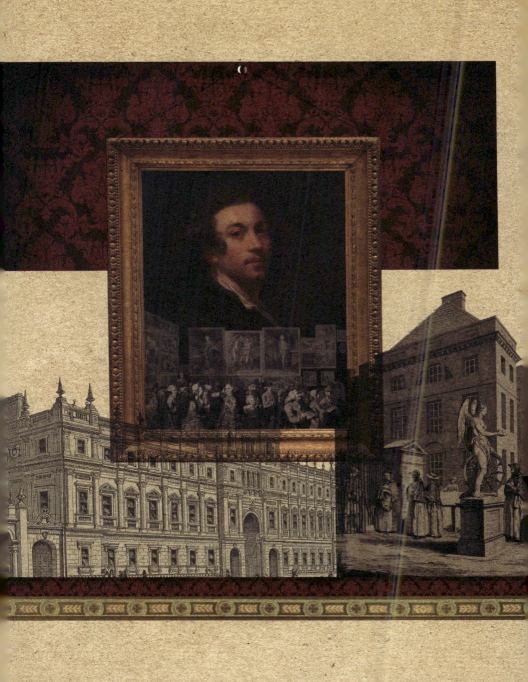

伦敦风景

30秒钟游览

自16世纪起，伦敦就已经被视觉艺术家们作为创作对象了。每一位艺术家都有自己的角度，展现了这座城市的不同面貌。在卡纳莱托对泰晤士河的刻画中，伦敦仿佛就是其家乡威尼斯的一个版本。而法国版画家古斯塔夫·多雷则在150年后捕捉到维多利亚时代晚期处于工业化时期的伦敦，将其描绘成黑暗的撒旦之城。伦敦也培养出自己的艺术家。威廉·贺加斯的作品通常以道德为主题，他刻画的社会景象至今仍引起共鸣，《浪子生涯》《勤劳和懒惰》《啤酒街》和《金酒小巷》提供了大量关于伦敦生活和景观的描绘。乔治·克鲁克香克、詹姆斯·吉尔雷和托马斯·罗兰森都出生在伦敦，他们将18世纪的伦敦描绘成一个喧闹而繁荣的城市，这里各色人等混杂而居，人们在街巷、公共场所和咖啡馆打架斗殴。到了19世纪晚期和20世纪早期，讽刺画家的负面呈现就被关注伦敦生活景观并进行简单反思的社会洞察力所取代。例如，卡姆登镇艺术家群描绘日常家庭、咖啡馆和商店中发生的事情。也许伦敦最为著名的艺术家是J.W.W.特纳，他的画作将这座繁忙城市的雾和烟、铁路和航运用光的宏伟戏剧形式组成画卷，呈现在人们眼前。

3秒钟速览
16世纪以来，一代又一代的艺术家们将伦敦描绘成庄严、漂亮、奇妙和邪恶的城市。

3分钟扩展
对伦敦的描绘不仅能让我们了解伦敦本身，也能让我们了解作为描绘者的艺术家的情况。但不管艺术家如何向人们描绘环境、社会生活、政治、建筑、事件，哪怕仅仅是城市的色彩和样式，伦敦也通常被描绘成一座过剩和焦躁不安的城市。

相关主题
艺术赞助　66页
博物馆和美术馆　90页

3秒钟人物传记
乔瓦尼·安东尼奥·康纳尔　"卡纳莱托"
1697—1768
威尼斯艺术家，其作品在英国的游客中尤为出名。

威廉·贺加斯
1697—1764
有影响力的画家、版画家和艺术评论家，创作了一系列描绘伦敦生活的版画。

J.W.M.特纳
1775—1851
画家，其浪漫主义风格的风景画，尤其是油画，对欧洲风景艺术的转变做出了贡献。

本文作者
尼克·比奇

从卡纳莱托到贺加斯，艺术家们长期以来都从伦敦得到了灵感。

1812年
出生于汉普郡的兰德波特

1824年
父亲被关押在位于萨瑟克区的马歇尔西欠债人监狱

1827年
开始在格雷律师学院担任办事员

1832年
成为议会札记作家，开始出版作品，笔名为博兹

1836年
连载小说《匹克威克外传》开始出版。开始创作《雾都孤儿》

1843年
出版《圣诞颂歌》

1852年
开始为大奥蒙德街儿童医院提供慈善支持

1856年
买下位于肯特郡海厄姆的盖茨山庄

1870年
在肯特郡海厄姆去世

人物介绍：查尔斯·狄更斯
CHARLES DICKENS

很难想象一座城市同一位作家的关系能如伦敦同查尔斯·狄更斯的关系这样紧密。烟雾、到处都是小偷的贫民窟、泰晤士河的下游以及供应烤牛肉和麦芽酒的酒馆，所有这些都是伦敦在游客心中的形象，这是狄更斯笔下的伦敦。这番景象中的大部分都已经不存在了，或从未存在过，但众多纪念狄更斯的牌匾证明，这座城市里仍然遍布与这位作家紧密相关的地方。孩提时的狄更斯曾在萨瑟克区的欠债人监狱里待过几年，他被迫先后在查令十字街和考文特花园附近的染色仓库中工作。这种经历让他形成了对社会的认识。在格雷律师学院任办事员后，他的模仿技能差点儿让他走上戏剧舞台。他成为议会札记作家，开始了他的文学之路，笔名为"博兹"。

连载小说《匹克威克外传》和《雾都孤儿》的出版让狄更斯大获成功，一系列相当成功的作品让他取得了更为非凡的成就。这些作品常以他对伦敦工人阶层的近距离了解为基础。狄更斯的社会和政治观点在他的小说和慈善项目中逐渐变得清晰起来，这些慈善项目包括在谢普尔布什为"堕落妇女"建造住宅，为大奥蒙德街医院提供支持。在小说中，他揭露了济贫院等维多利亚时代社会机构的人工成本，反映了社会对穷人的态度，并对工人遭受的剥削进行了揭发。

除了他的道德观，狄更斯作为作家的影响力和受欢迎程度还在于他丰富的语言和绝妙地塑造了大量的角色，栩栩如生地呈现了维多利亚时代的整个社会。这些角色中最突出的便是伦敦本身，尤其是《雾都孤儿》（1837—1839年）中的贫民窟，《小杜丽》（1855—1857年）中的政府和欠债人监狱所表现出来的伦敦，以及《远大前程》（1860—1861年）中伦敦的法制体系。他的写作还影响了伦敦的形成。他在《匹克威克外传》中对福利特监狱的非人道行径进行了刻画，这是该监狱于19世纪40年代早期被关闭的原因之一。

狄更斯去世时，人们向那个年代最伟大的小说家哀悼。他要求人们不为自己建立塑像，但他的小说一直在出版，仍然受到评论家和大众的赞誉。狄更斯对伦敦的描绘，在改编自其作品的数十部电影和大量的电视剧中得以延续。

马修·肖

电影

30秒钟游览

对于电影制作人来说，伦敦是宏伟的电影场景也是绝佳的电影拍摄地，从哥特式风格的三角形顶棚、古典风格的柱廊以及高科技风格的塔楼，到石子路、林立的高楼和青翠的公园和花园，这里遍布现成的道具和场景。电影对伦敦最长久的刻画当属维多利亚时代雾蒙蒙且犯罪猖獗的街景，这个场景已经在翻拍自查尔斯·狄更斯小说和亚瑟·柯南·道尔的《夏洛克·福尔摩斯》故事的电影中名垂千古。《哈利·波特》系列电影采用了伦敦的传统特征，展现了乔治·吉尔伯特·斯科特爵士设计的哥特复兴式杰作米德兰德大酒店，由霍拉斯·琼斯设计的勒敦豪市场在剧中成了"对角巷"和"破釜酒吧"的入口。现代伦敦是电影史上一些让人们印象最深刻的场景的拍摄地，如反乌托邦电影《一九八四》（1984年）中的真理部大楼是由查尔斯·霍顿设计的参议院大楼，犯罪片《发条橙》（1971年）中的泰晤士米德，还有喜剧恐怖片《美国狼人在伦敦》（1981年），披头士乐队参演、表达现代性思绪的《一夜狂欢》（1964年）和另类经典影片《放大》（1966年）。伦敦浪漫的一面也长期出现在电影中，如《窈窕淑女》（1964年）、《欢乐满人间年》（1964年）、诺丁山（1999年）、《恋爱中的莎士比亚》（1999年）和《真爱至上》（2003年）。

3秒钟速览

在伦敦诞生了一些电影届最伟大的名字，这些名字中有作家、演员、导演和制片人，还有电影工作室。

3分钟扩展

世界知名的伊灵工作室位于伦敦西区，这是战后英国喜剧的代名词，其出产的喜剧包括《拉凡德山的暴徒》（1951年）和《贵妇杀手》（1955年），后者是在伦敦的查令十字街拍摄的。两部影片的主演都是亚利克·吉尼斯，他曾在改编自《雾都孤儿》的同名电影（1948年）中扮演黑帮头子法金，该片由出生于伦敦克里登的著名导演和制片人大卫·利恩爵士执导。

相关主题

伦敦风景 68页
人物介绍：查尔斯·狄更斯 71页
剧院 118页
人物介绍：夏洛克·福尔摩斯 133页

3秒钟人物传记

阿尔弗雷德·希区柯克
1899—1980
20世纪最伟大的电影导演之一，以驾驭悬疑而闻名。

迈克尔·凯恩
英国最知名的演员之一，出生于伦敦南区的伯芒赛，以浓重的伦敦腔而知名。

本文作者

爱德华·丹尼森

电影对伦敦的刻画让全世界的观众熟悉了这座城市。

布鲁姆斯伯里文化圈

30秒钟游览

3秒钟速览

布鲁姆斯伯里文化圈以家庭和友谊为纽带，其在很多文化领域都具有广泛的影响力。

3分钟扩展

布鲁姆斯伯里文化圈从大卫·赫伯特·劳伦斯起就受到了新闻界的恶评，被指责谄上媚下和互相利用。20世纪70年代和20世纪80年代时，该文化圈从默默无闻中回潮，并吸引了希望自己也置身其中的学者和公众。应当对布鲁姆斯伯里文化圈进行更为平衡的评价，因为他们思想和成果的总体范围之广令人瞠目，哪怕差异巨大。这个团体曾经居住过的一些房子在戈登广场得以保留下来。

布鲁姆斯伯里文化圈是由一系列的作家、艺术家、活跃分子和业余爱好者组成的。它起源于剑桥，但于1904年在布鲁姆斯伯里正式成型。那时的布鲁姆斯伯里是在尤斯顿路和霍尔本之间拥有乔治王风格的联排住宅和广场的一个不怎么时髦的区域。将该文化圈的人们联系起来的纽带是对社会传统的反抗和相信思想的力量可以通过理性思考、性别平等和破除禁忌来改善他人生活的能力。他们的专业范围从经济学（约翰·梅纳德·凯恩斯）到精神分析（阿德里安·史蒂芬），再到普通人更容易理解的文学作品（弗吉尼亚·沃尔夫和莱顿·斯特莱奇）和艺术（罗杰·弗莱、凡妮莎·贝尔和邓肯·格兰特）。可以说，他们是1914年以前英国最具创造性和批判性的前卫派艺术家。他们视私人生活和友谊至上，这在他们的对话和信件中一览无余。尽管有时候他们也住在乡间的家中消磨时间，但布鲁姆斯伯里仍然是重要的地理上的焦点之处，因为这里房价便宜，有波西米亚风格的氛围，位置适宜从事研究和出版。弗莱的"奥米茄工场"于1913年在菲茨罗伊广场成立，得到来自法国的灵感后，创立了新型的内饰风格。弗吉尼亚·沃尔夫的小说，尤其是1925年出版的《达洛维夫人》，表现了当时伦敦稍微有些癫狂的生活，表现为第一次世界大战后，人们纵情声色，家中装饰雅致，但私人和公众却有悲伤的内在情绪。

相关主题

联排住宅和广场
36页

3秒钟人物传记

罗杰·弗莱
1866—1934
于1910~1912年将法国艺术引入伦敦，是对艺术形式深思熟虑的普及者。

弗吉尼亚·沃尔夫
1882—1941
知识渊博、狡猾、永远对人感到着迷，但直到去世都还自我怀疑。

约翰·梅纳德·凯恩斯
1883—1946
经济学中"需求引领"思想的先驱人物，赞同在萧条时期通过公共工程补贴刺激就业。

本文作者

阿兰·鲍尔斯

布鲁姆斯伯里文化圈由灿若星辰的艺术家组成，包括弗吉尼亚·沃尔夫、邓肯·格兰特、凡妮莎·贝尔和罗杰·弗莱。

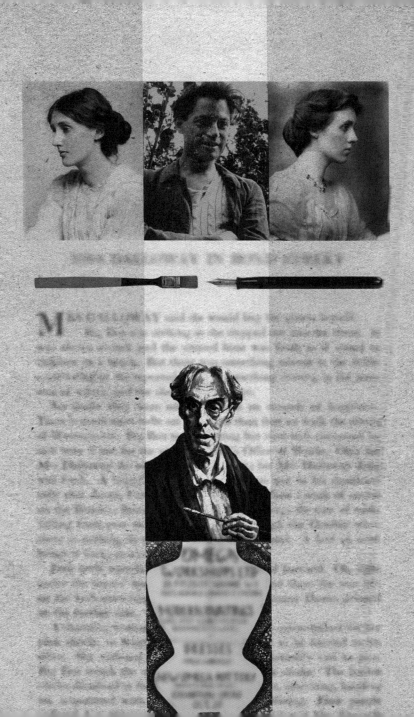

红色公交车和黑色出租车

30秒钟游览

红色的公交车和黑色的出租车在伦敦是一种经典的组合，这是有充足的理由的。很多城市购买现成的公交车和出租车。但因为伦敦道路弯曲，车辆走走停停，承载的乘客又多，只有定制的设计才能满足这样的运输压力。从20世纪80年代起，公交车乘客的数量翻了一番，到2014年，伦敦公交车的行车距离达到了5亿公里。伦敦公交车的规范于1909年制定。车辆须牢固耐磨，设计简单，所有部件都可更换。伦敦交通局有自己的工程师、研究部门和生产线，它们于20世纪50年代生产了世界知名的"马路大师"公交车，其标志性的特征是车尾不封闭的平台。"马路大师"公交车最近进行了重新设计，新车型有三扇门、两部车内楼梯和时髦的对角线前后车窗。黑色出租车的设计也被给予了相同的关注。伦敦的出租车共有2.3万辆，保留了曲线形外观和宽敞的特点，并在将来会由环保发动机来驱动。技术无法取代的一样东西便是"知识"，这便是所有黑色出租车司机戴上驾驶员标识前必须参加的一项测试，他们需要掌握320条线路、2.5万条街道和2万个地标这样的知识。

3秒钟速览

伦敦街道的复杂和拥堵程度，使得自1909年以来，公交车和出租车都须经特殊设计以适应这样的道路运输量。

3分钟扩展

当伦敦公交车售票员清脆地喊出"请抓牢！"时，他便大胆地从被称为"马路大师"的双层公交车尾部未封闭平台上的栏杆摇转了过来。这种叫喊声现在只能在运行于伦敦塔和特拉法加尔广场间的15路公交车上听到了。这款经典的公交车如今只有10辆仍然行驶在伦敦的大街上，但1954~1968年间生产的2876辆此款公交车中，有1200辆存在其他地方，被收藏家、博物馆和公交车公司所有。

相关主题

铁路　96页
伦敦的地下　128页
丈量伦敦　140页

3秒钟人物传记

托马斯·海瑟维克
1970—
伦敦出生的设计师，2012年伦敦奥运会期间，他设计的伦敦奥林匹克体育场（俗称"伦敦碗"）惊艳了世界。他对经典的"马路大师"公交车进行了独特的重新设计，也同时于2012年亮相。

本文作者

西蒙·英格里斯

伦敦为自己高效的交通系统和设计传统感到自豪。这两样东西在世界知名的新老"马路大师"公交车和黑色出租车上得到了统一。

朋克

30秒钟游览

朋克并非诞生在伦敦，但伦敦很快成为朋克的精神家园。早期朋克在整个大西洋地区散发着其还在萌芽期的能量，后在20世纪70年代中期经济和社会萧条的伦敦找到了完美的栖息地。朋克是幻想破灭、无社会归属感的年轻人热切拥抱的文化态度，他们发现朋克是音乐方面最强有力的表现形式，它是未经加工、愤怒、原生态的。英国朋克摇滚的音轨是在伦敦昏暗的酒吧和乌烟瘴气的夜总会中制作的，比如"天堂""100俱乐部""假面舞会"和"罗克西"酒吧，然后就传遍了全世界。最有影响力的朋克乐队是"性手枪"乐队，它有4名成员，来自伦敦各区，经纪人马尔科姆·麦克拉伦将他们集合在一起。麦克拉伦还同合伙人兼时尚设计师薇薇安·韦斯特伍德在切尔西的国王路上开了一家名叫"赛克斯"的时尚精品商店。在各种诅咒、嘲笑和愤怒中爆发的朋克，在几十年后的今天，已经成为英国的流行文化。脚穿"Dr Marten"靴，头发染成亮色，服装上装饰着安全别针，这种夸张的形象已经成为伦敦反文化的标志。尽管有这种模式化的形象，朋克仍然是英国历史悠久而典型的"反当权"传统中最有力的表达方式之一。

3秒钟速览

朋克应当是在纽约诞生的，但它却将伦敦作为了自己的家，并在那里度过了一段喧闹的青春期。

3分钟扩展

从反乌托邦的角度来看，伦敦对于朋克一直都是催化剂，是一些伟大的朋克音乐的发生地，引人入胜，也为很多音乐提供了灵感。这些歌曲包括冲撞乐队的《伦敦在燃烧》《白色暴动》《白人在哈默史密斯舞厅》以及《布里克斯顿的手枪》，果酱乐队的《午夜时分在地铁站内》《沃德街的一颗炸弹》，棒客乐队的《伦敦的黑暗街道》《苏活区的雨夜》和《伦敦，你是一位女士》以及疯狂乐队的《我们是伦敦》。

相关主题

抗议活动 80页
俱乐部 114页

3秒钟人物传记

乔·史楚默
1952—2002
冲撞乐队的主唱，曾写出数首评论家最推崇的朋克音乐。

约翰尼·诺顿
1956—
"性手枪"乐队的主唱，以直戳人心的讽刺凝视和给他带来外号的绿色牙齿而闻名。

希德·维瑟斯
1957—1979
"性手枪"乐队的贝斯手和媒体中的反英雄形象，死于过量使用海洛因，曾被指控谋杀其女友南希·斯庞根。

本文作者

爱德华·丹尼森

薇薇安·韦斯特伍德时尚精品店是朋克虚无主义风格的中心。

抗议活动

30秒钟游览

作为英国的政治权力中心，伦敦常常是和平示威和暴力抗议的发生地。其密集的路网为游行示威提供了场地，而公共广场和花园绿地则成为集会和公共行动的场所，如1848年肯宁顿公地的宪章集会、1990年反抗人头税的集会，以及最近特拉法加尔广场和议会广场反对紧缩的骚乱。在伦敦，还有人在议会门外或在各国大使馆门前安静守夜，也有在唐宁街进行象征性递交请愿书的民主传统。这些抗议活动可能起源于1381年的农民起义或1780发生的被称为"弋登起义"的反对天主教的暴力活动，但也采取了一系列公共集会的形式，如宗教游行、公开张贴海报和英国选举传统中的闹剧般的集会。尽管抗议活动的参与者以男人为主，但20世纪的前25年也充满了女性参政运动的示威活动，这些示威人群烧毁了英国皇家植物园（邱园）的休息凉亭，他们还威胁要破坏公共艺术品，导致博物馆和美术馆从根本上改变了入馆的要求。现在，伦敦越来越多的场所，如威斯敏斯特广场、金丝雀码头和国王十字中心等私人开发项目，逐渐不再允许进行公众抗议集会。

3秒钟速览

伦敦迷宫似的道路和公共空间提供了这样一幅地图，人们可以在这幅地图上进行实实在在的政治抗议活动，包括和平抗议和暴力示威。

3分钟扩展

我们今天所看到的示威活动有多种典型的形式，它们在19世纪30~40年代争取选举改革的宪章运动中成了焦点。在经济萧条时期，发生了群众集会、公开演讲、向政府的大规模请愿（据称有600万份签名）和民众骚乱，迫使政府于1848年向"肯宁顿公地"的大型集会派出8000名士兵维护秩序。

相关主题

庇护所　18页
议会　28页

3秒钟人物传记

乔治·戈登勋爵
1751—1793
政治家，领导了反对"天主教解放"的5万人大游行，导致持续数日的暴力骚动。

威廉·卡菲
1788—1870
1834年宪章运动的领导人，他是为期8天的裁缝罢工的组织者。

奥利弗·瓦尔里
1886—1947
艺术家、妇女参政运动的参与者，1913年因在英国皇家植物园（邱园）纵火被投入哈洛维监狱。她绝食达32天。

本文作者

马修·肖

伦敦居民对权威有一种"合理地"蔑视，他们愿意行使自己抗议的权利。

创新和学习[1]

创新和学习
词汇表

珍宝馆（cabinet of curiosities） 用于大规模收藏未经分类的手工艺品的房间或专门建造的建筑物，是现代博物馆的前身。

航海经线仪（chronometer） 能够达到极高精度的计时表，用于在航海时确定经度。

伦敦旧城（City of London） 由伦敦市法团管辖的城市和郡的名称，其地理范围大致是以罗马时期定居者的城墙为界，也被称为"平方英里"。

"普遍"教育（comprehensive education） 英国于第二次世界大战后引入的全国教育体系，其基础是入学时不对学生进行挑选。

启蒙运动（the Enlightenment） 发展于18世纪的启蒙哲学运动，强调理性和对现存思想、政治、宗教和教育体制进行批判性评价。

格林尼治天文台（Greenwich Observatory） 于17世纪建于伦敦东部的皇家天文台，它确立了本初子午线，从而确定了格林尼治标准时间。

英国皇家植物园（Kew Gardens） 又译邱园，世界上收藏最多鲜活植物的地方，位于伦敦西南的邱园，植物被保存在面积很大的场地上。该公园于18世纪由图克斯伯里勋爵建造，后由威尔士王妃奥古斯塔扩建，其异国情调的设计由威廉·钱伯斯爵士完成。

行业协会（livery companies） 伦敦旧城内的贸易和手工业协会，也被称为同业工会（guilds），其名称来源于将不同同业公会区分开的制服。

现代主义者（Modernist） 现代观点和理论的支持者，尤其是现代运动的支持者，他们受到抛弃传统的激励，在20世纪各种形式的艺术表现中占据统治地位。

英国皇家学会（the Royal Society） 1660年建立的科学院，旨在推动和发展对各种形式科学的研究。

泰晤士河三角洲（Thames Estuary） 泰晤士河汇入北海之处，位于伦敦以东，特点是广阔的泥滩和沼泽。

功利主义（utilitarianism） 18世纪晚期出现的道德运动，受到杰里米·边沁和约翰·斯图尔特·密尔的支持，他们认为道德上好的行为有利于大多数人。此后，功利主义对政治、经济和社会理论产生了重大影响。

维康信托基金会（Wellcome Trust） 全球性的独立慈善基金会，向致力于改善健康的科学研究提供资助。

教育

30秒钟游览

3秒钟速览

伦敦永远是一个人口和思想的大熔炉，它有着悠久的教育传统，是英国和世界教育发展的先驱。

3分钟扩展

伦敦大学学院（UCL）是英国第一所世俗大学，建立于1826年，是剑桥大学和牛津大学这些面向最精英人士的教会大学之外平等面向所有人的教育选择。伦敦大学学院不论学生的民族、信仰和政治倾向，其建立的基础是功利主义原则"为最大多数人带来最大幸福"，得到了社会改革家杰里米·边沁的鼓励和支持，他的"自体圣像"现放置在该大学的南部回廊的玻璃柜里。

在英国，国家从未认真承担起教育的责任，而是将其转交于宗教或慈善和商业机构。伦敦的商人、艺术家、贵族、教士和慈善家填补了政府留下的真空，这值得称赞。从中世纪起，伦敦金融城的行业协会和同业工会便对伦敦的年轻人进行面向商业生活的教育，方式同圣保罗教堂和威斯敏斯特教堂引领宗教教育是一样的。开办于1123年的圣保罗教堂学校和开办于1371年的威斯敏斯特大教堂学校，是伦敦现存的最古老的学校。从15世纪起，慈善界也加入了教育机构的行列，分别于1442年、1509年和1552年成立了伦敦城市学校、圣保罗学校和基督公学，后者于1673年将皇家数学学校并入。19世纪的工业化和城市化为伦敦带来了现代公共教育体系。1870年，《英国初等教育法案》实施，新成立的伦敦学校委员会在全伦敦建造了精良的教学楼，其中不少现在还保留着，尽管已改造成豪华公寓或办公室。20世纪30年代早期，伦敦郡议会率先开展"普遍"教育，后来成为全国的标准。

相关主题

伦敦郡议会　54页
人物介绍：杰里米·边沁　89页
对世界的了解　92页

3秒钟人物传记

赛缪尔·维尔德斯潘
1791—1866
幼儿教育的先驱，1823年曾著《穷人家孩子受教育的重要性》一书。

查尔斯·里德爵士
1819—1881
哈克尼区议员、伦敦教育局负责人，为伦敦穷人家的孩子建立了覆盖全城的教育体系。

本文作者

爱德华·丹尼森

基督公学的学生现在仍然穿着都铎王朝时期的校服，即黄色长筒袜、蓝色外套和马裤。伦敦现有3100所学校和130万名学生。

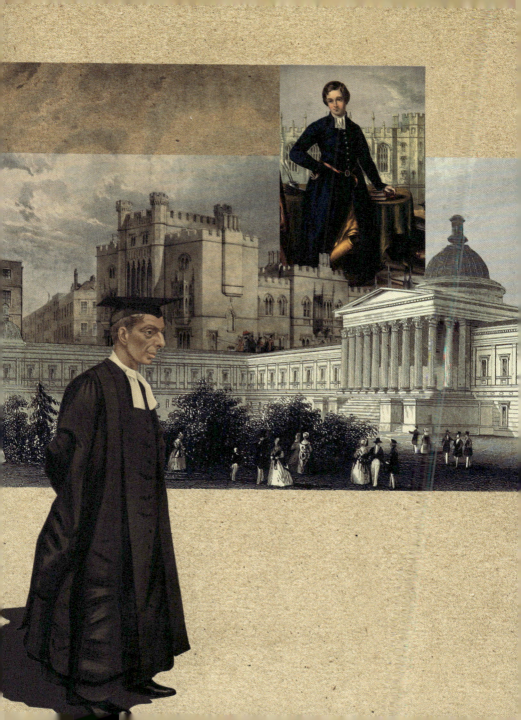

1748年
出生于伦敦猎犬沟渠街

1760年
十二岁时就读于牛津大学女王学院

1776年
匿名发表了《政府片论》，对英国政府进行批评

1786年
来到俄国，同弟弟萨缪尔想出了圆形监狱的设计理念

1791年
出版了关于圆形监狱的第一本作品

1823年
与他人共同创建政治杂志《威斯敏斯特评论》

1832年
在伦敦威斯敏斯特去世，遗体以"自体圣像"的艺术形式保存

1850年
边沁的骨骼由伦敦大学学院购得，进行公开展出

人物介绍：杰里米·边沁
JEREMY BENTHAM

几乎没有什么现代生活的领域未被边沁的思想和作品影响到。边沁是哲学家、法学家、功利主义思想的创建者。他于1748年出生于伦敦东部的猎犬沟渠街。他是一位神童，长大后得益于一笔私人收入，早年的律师生涯使他毕生致力于对周围世界和体制进行理性的评论。乔治王时代的生活里，很少有领域能逃过边沁的眼睛。他最为著名的"为最大多数人带来最大幸福"这句格言，便是其功利主义哲学的简短概括。他开始对民主、监狱改革、福利、动物权益和同性恋非罪化展开研究。由于他深刻关注对社会问题的理性应对，他在其他创新之外，还帮助创建了泰晤士河警察，这在30年后大大影响了罗伯特·皮尔的警察改革。

边沁前往俄罗斯拜访波将金王子，受到旅行的启发，他开始研究圆形监狱，这个大项目试图将多个监狱处在一个管理员的监视之下，让监狱成本更低，也更加人性化。他从政府收到一笔针对其项目的资助，并计划根据上述规划在米尔班克建造一座这样的国家级罪犯教养所，尽管最后建成的设施同圆形监狱的设计理念没什么关系。边沁吸引了一群有影响力的崇拜者，所以他的思想可以更为广泛地在全世界得到传播。在他于1832年去世后，其思想被包括约翰·斯图尔特·密尔在内的一群重要作家和理论家发展起来。

边沁留下遗嘱，其遗体将交给至学研究，然后被保存为"自体圣像"，留给后人。他的遗体经过填充和穿衣，镶上蜡制的头部，从1850年起至今被放在伦敦大学学院。一起被存放的还有他的大部分著作，总数约3000万字。尽管边沁同该学院一直关系紧密，并确实出现在学院图书馆弗拉克斯曼艺术画廊中由亨利·唐克斯创作的壁画上，画中的边沁正在审批建筑师的设计，但他并未直接参与创办该学院，他只是购买了这所新建大学的1000份股份。

马修·肖

博物馆和美术馆

30秒钟游览

伦敦的博物馆和美术馆总数超过200家,对它们的喜好发源于18世纪的珍宝馆。这种展示方式让贵族们可以展示其最新购得的物品,并让人们知道他们去过很多地方,是多么聪明和富有。他们中的一位杰出人士便是爱尔兰医生汉斯·斯隆爵士,他在1753年去世时,将其价值8万至10万英镑的大量藏品以2万英镑的低价遗赠给国家。斯隆的捐赠成为1759年开馆的大英博物馆的基础,而他的藏书又成为大英图书馆的核心。他的其他标本收藏最后还在1860年帮助建立了英国自然历史博物馆。英国自然历史博物馆所在的位置是维多利亚时代的宏伟建筑,与科学博物馆、维多利亚和阿尔博特博物馆相邻。私人捐赠者如居住在切尔西的景观艺术家J.M.W.特纳,帮助建立了位于特拉法加尔广场的英国国家美术馆,他在去世时捐赠了1000多件自己的作品。英国的生活中只有很少的领域不出现在博物馆或美术馆中。英国有体育、玩具、园艺、运河甚至缝纫机的博物馆,有绘画、漫画和摄影的美术馆。但令人感到奇怪的是,伦敦自身作为最显而易见的主题,却直到1976年伦敦博物馆开馆时才出现在博物馆中。

3秒钟速览

伦敦拥有200多家博物馆和美术馆,其覆盖的主题、时期和品味范围令人叹为观止,从伟大的艺术作品到缝纫机都包括在内。

3分钟扩展

很多博物馆吸引游客的原因不光是其藏品,还因为它们的建筑。泰特现代艺术博物馆就坐落在一座经改建的20世纪发电厂中,令人称奇,而大英博物馆中的大庭院则被炫目的玻璃穹顶覆盖。萨克勒蛇形画廊所在的位置原是一处建于1805年的火药仓库,其"蛇形"的扩建部分于2013年完成。在每一处博物馆或美术馆,其新与旧的组合本身就构成了展览。

相关主题

艺术赞助　66页
展会　106页

3秒钟人物传记

约翰·索恩爵士
1753 —1837
建筑师、狂热的收藏家,他从全世界收集的大量工艺品就展出在他位于林肯郡因菲尔德的家中,得到了很好的保护。

杜莎夫人
1761 —1850
法国雕塑家,1835年她在贝克街建立了以自己名字命名的蜡像博物馆。

亨利·泰特爵士
1819 —1899
因糖业生意发家,然后将大部分财产用于艺术,这些艺术品可在位于米尔班克以他名字命名的博物馆见到。

本文作者

西蒙·英格里斯

以某种角度来说,伦敦的博物馆和美术馆在主题和藏品的范围上无出其右者。

对世界的了解

30秒钟游览

今天，伦敦是大型博物馆、大学和机构的所在地，例如维康信托基金会以及英国皇家学会，同时几个世纪以来，还是世界知识网络的中心。伦敦"靠近"王权和政府的权力，促进了诸如格林尼治天文台和英国皇家学会等机构的发展，而咖啡馆的辩论文化则有助于科学方法的发展和学术团体的形成。在伦敦这样的城市里，思想可以得到验证和传播，而国际贸易则使得全世界知识分子的书面交流"滔滔不绝"。伦敦在商业和整个大英帝国中的角色也突显了知识探索的实用特征。知识探索包括对外国植物的商业开发和发展航海技术，例如确定经度的航海经线仪。罗伯特·科顿爵士和汉斯·斯隆爵士等重要收藏家为皇家植物园、大英博物馆、英国自然历史博物馆和大英图书馆等一些伦敦最著名的学术机构奠定了基础。这种商业和学术探索的结合，仍然体现在互联网时代的伦敦身上。

3秒钟速览

自17世纪以来，贸易、军事技术的发展，甚至仅仅是好奇心，就将伦敦置于世界知识网络的中心。

3分钟扩展

英国皇家学会可以当之无愧地称自己是世界上历史最悠久、最富盛誉的科学团体之一。起初它是1660年克里斯托弗·雷恩的讲座上一群博学之人的聚会，后于1663年得到皇家批准成为"伦敦皇家自然知识促进学会"。它发行的《哲学学报》建立了同行审稿的科学杂志的观念，其基础是学会的格言"不随他人之言"。

相关主题

航海时代的伦敦和大英帝国　14页
艺术赞助　66页
教育　86页
展会　106页

3秒钟人物传记

汉斯·斯隆爵士
1660—1753
收藏家，自1727年起担任御医。他遗赠给国家的收藏，成为大英博物馆及后来英国自然历史博物馆的基础。

本文作者

马修·肖

伦敦是很多学术机构的所在地，这些机构改变了我们对世界的认识，从地球上的生命到深邃的宇宙。

工程

30秒钟游览

现代伦敦的存在从很大程度上说是工程杰出壮举的结果,因为泰晤士河一直是伦敦的命脉,事实证明要驯服它是一项挑战。伦敦桥是13世纪伦敦架起的第一座桥梁,但直到查尔斯·雷伯耶设计的威斯敏斯特大桥于1750年完工,泰晤士河上才开始有了工程项目。此后很快又修建了皇家植物园大桥(1759年)、黑衣修士桥(1769年)、巴特西桥(1773年)和里士满桥(1777年)。摄政运河很快就穿伦敦城而过,将东区的码头和大联合运河以及其他地方连接起来。约瑟夫·巴泽尔杰特修建的维多利亚堤防将河堤同新修的地铁和大型下水道系统结合起来,伦敦直到现在都还在依赖这个水道系统。进一步制服泰晤士河是在20世纪,1982年建成的泰晤士河堤防使伦敦免受洪水影响。到了21世纪,连接伦敦城外东、西两区的横贯铁路是欧洲规模最大也是最复杂的工程,它是双重的工程成就。盾构产生的大量泥土被用于在泰晤士河三角洲中建造小岛,从而形成了鸟类的人造栖息地,并创造了一个洪泛区。

3秒钟速览

现代伦敦是工程的产物,这些工程包括大桥、运河、码头、铁路隧道和下水道、堤防乃至人工岛。

3分钟扩展

伦敦的基础设施是伟大工程成就的产物。沿着伦敦的大桥和隧道,人们可以看见巨大的铁路车站、格林尼治O_2体育馆的拉索穹顶、泰晤士河南岸的"伦敦眼"以及英国电信的通信塔,这一切都是由建筑、结构和机械工程师实现的,而伦敦就是他们研究机构的所在地。

相关主题

泰晤士河　10页
铁路　96页
地铁　98页

3秒钟人物传记

查尔斯·雷伯耶
1705—1762
设计了伦敦的第一座现代桥梁。

威廉·亨利·巴罗
1812—1902
设计了圣潘克拉斯火车站的列车车库,它是当时世界上最大的单跨结构。

约瑟夫·巴泽尔杰特
1819—1891
用新修的下水道网络和维多利亚河堤改变了伦敦。

本文作者

尼克·比奇

对于现代的成熟都市来说,如果没有了下水道、隧道、桥梁和堤防,城市就得瘫痪。

铁路

30秒钟游览

1836年,伦敦桥车站对公众开放,于是一种新的建筑和一种"新的伦敦人"便应运而生。19世纪中期的伦敦经受了一轮又一轮的"铁路狂热",投资者们蜂拥而至,将资产投入经议会批准由股份公司设立的投资计划中。除了伦敦桥站,还有尤斯顿站(1837年开放)和其他五个站,包括帕丁顿车站(1838—1854年开放)、滑铁卢车站(1848年开放)和国王十字车站(1852年开放)。这些项目都远离伦敦旧城和威斯敏斯特城,原因是伦敦市法团和主要的地产所有人拒绝为铁路公司提供永久产权。第二次狂潮开始于维多利亚车站(1862年开放),止于利物浦街车站(1874年开放),这样车站更为靠近市中心。铁路让伦敦人可以从市中心搬到郊区,于是出现了通勤者。铁路还为伦敦带来了大型宾馆,因为第一次出现大量游客同时抵达的情况。所有的车站也是铁路公司的广告,没有哪个广告比圣潘克拉斯火车站处米德兰大饭店的广告还要吸引眼球,这让邻近国王十字火车站的大北方饭店相形见绌。伦敦的地上铁路有特殊的分布,铁路在泰晤士河南岸远比在北岸多得多,其原因是在白垩地层中盾构困难,且土地所有者太喜欢寻衅滋事了。

3秒钟速览

铁路的出现促进了19世纪伦敦的地理和人口大扩张。

3分钟扩展

对数百万人来说,伦敦的各个火车站是他们来到这座大城市的第一个关口。所有的伦敦人,以及大量的游客和访客,都经历过至少在众多火车站中的某一个火车站花时间等待晚点的火车。在这些等候的时刻,人们可以欣赏铁路停车棚的工程成就或火车站里讨人喜爱的人物,比如帕丁顿熊、哈利·波特和福尔摩斯。

相关主题

城市改造　38页
郊区　　　40页
工程　　　94页

3秒钟人物传记

乔治·托马斯·兰德曼
1779—1854
军事和民用工程师,促成了伦敦和格林尼治铁路的建设

伊桑巴德·金德姆·布鲁内尔
1806—1859
工程师,他用蒸汽机车将伦敦和纽约连接在了一起,其中大西铁路从帕丁顿到布里斯托,而"大西方号"轮船则从布里斯托前往纽约。

本文作者

尼克·比奇

从蒸汽时代开始,铁路就将伦敦与工业发达的英格兰中部、北部连接起来,现在则将其连接至欧洲。

地铁

30秒钟游览

伦敦最成功、最受人喜爱的品牌标志之一便是伦敦地铁的独特标志，即红色圆盘和通过圆心的蓝色直线，它首次使用于1908年。这项世界知名的地铁工程还是世界上第一个地铁工程。伦敦大都会地铁开通于1863年，从帕丁顿到法灵顿街采用随挖随填工艺，这是一项工程壮举，同时使得大量房屋被拆除，大量居民被迁走。为了打消人们对在地下通行的疑虑，贝克街站等地铁站设计有直达站台的日光井，列车上还安装了煤气灯。现在，每年远超十亿人次乘客乘坐伦敦地铁，而伦敦地铁的昵称"管子"，则来自深管隧道，它于1880年第一次通过伦敦易受扰动的黏土层。在接下来的数十年中，其他公司修建的线路构成了复杂的路网，它们在1902年合并成伦敦地铁集团。除了圆盘和约翰斯顿式的无衬线字体，地铁站的建筑设计同样独特，是视觉品牌识别方面的杰作。莱斯利·格林设计了46处爱德华七世时期风格的棕红色瓷砖外立面，每一处都是由内饰瓷砖组成的不同组合，查理·荷登设计的现代主义风格的砖结构地铁站就位于皮卡迪利线上，而20世纪末建成的朱比利线（或称银禧线）上的地铁站则类似威斯敏斯特宫的皮拉内西风格的混凝土建筑。

3秒钟速览

伦敦地铁是世界上最早的地铁，开通于1863年。由于其强大的视觉形象识别，从开通起，它就是最为人所知的。

3秒钟扩展

伦敦地铁因委托他人进行艺术设计而颇为有名，尤其是在20世纪早期弗兰克·皮克担任负责人时。提示性的招贴海报提醒人们"去动物园"和地铁能通达的其他令人开心的地方。伦敦地铁的站内装饰多样，奥德门东站里亨利·斯特布勒设计的奶油色瓷砖上布满了伦敦的标志性建筑，而托特纳姆宫路站自20世纪80年代起就有由爱德华多·包洛奇设计的花哨的镶嵌画，后者遵循哈利·贝克标志性图案，引入了大胆的色彩。

相关主题

铁路　　96页
伦敦的地下　128页
文学伦敦　140页

3秒钟人物传记

查理·荷登
1875——1960
在皮卡迪利线上设计了一系列吸引眼球的现代主义风格的地铁站，此外还有位于宽街55号的伦敦地铁总部。

弗兰克·皮克
1878——1941
委托他人设计了伦敦地铁著名标志中的字体和圆盘。

哈里·贝克
1902——1974
于1931年设计了开创性的地铁图。

本文作者

艾米莉·吉

伦敦地铁一直是设计、建筑和工程方面的先驱。

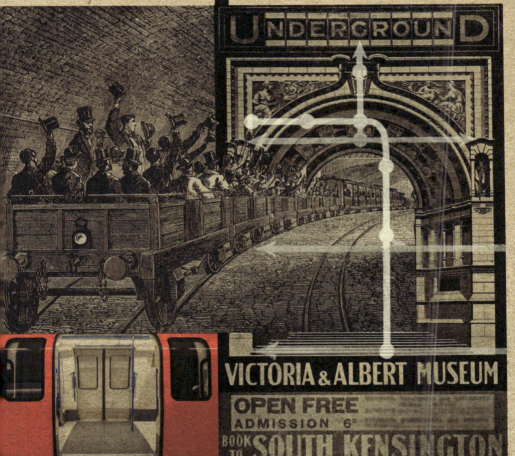

商业和休闲

商业和休闲
词汇表

巴西利卡（basilica） 古罗马时期用于公共管理的建筑物，后来成为早期基督教教堂的典型样式，有中殿、侧廊、耳堂和后殿。

凸窗（bay window） 从建筑物正面突出的窗户，构成一个内部的小间，能斜着看到街景。

伦敦旧城（City of London） 由伦敦市法团管辖的城市和郡的名称，其地理范围大致是以罗马时期定居者的城墙为界，也被称为"平方英里"。

现代主义（Modernism） 兴盛于20世纪中期的艺术运动，受到拒绝传统和追求现代的思想和理论的推动。

诺曼征服（Norman Conquest） 1066年，诺曼底的威廉二世公爵征服了不列颠，后来他被称为征服者威廉。他在黑斯廷战役中击败了哈罗德国王。

王室复辟（the Restoration） 英国内战后，查理二世治下的英国王室于1660年复辟，通常指查理二世的整个统治期，直至1685年。

复辟时期的喜剧（Restoration comedy） 一种喜剧形式，以其粗俗下流的形式和情节线索而闻名，在联邦时代戏剧表演解禁后兴盛，在整个王室复辟时期仍然受到欢迎。

皇家铸币厂（Royal Mint） 拥有1100年历史的机构，被授权设计和制造英国钱币。

萨维尔街（Savile Row） 位于伦敦中部梅菲尔区的一条街，因高质量的定制裁缝店和制衣店而闻名。

泰晤士河南岸（South Bank） 位于伦敦中心泰晤士河南岸的地区，1951年因"不列颠节"被临时占据，现在由休闲区和商业区构成，从威斯敏斯特桥延伸至国家剧院。

平方英里（Square Mile） 伦敦中心大致以古罗马人定居区及其城墙为界，现在由伦敦市法团管理。

大学赛艇对抗赛（university boat race） 自1856年起每年在泰晤士河上举办的赛艇比赛，比赛双方是牛津大学和剑桥大学。

公园、花园和露天场所

30秒钟游览

当你置身于伦敦最稠密的中心位置时，你很难相信它是全世界绿化率第三的城市，仅次于新加坡和悉尼。但身在汉普斯特荒野的斜坡上或海德公园一些更为隐蔽的草地时，也同样很难相信你身处城市之中。令人惊讶的是，伦敦38.4%的面积都是公共绿地，包含122块荒野地、公共用地和绿地（其中里士满公园是最大的）、600个城市公园（芬斯伯里马戏团公园是历史最悠久的，可追溯至17世纪）、1500个游乐场和125处休闲场地（包括哈克尼沼泽，它拥有77个足球场，是世界上足球场最密集的），以及数十个花园广场、墓地和教堂庭院。这还不包括私人花园和至少108个高尔夫球场。自从16世纪伦敦老城城墙外的村民开始在沼泽门和伊斯灵顿间用篱笆圈起地来，伦敦人就一直在奋力保卫开放空间。维多利亚时代的人们通过一系列议会法案和保护令同地产开发商斗争，不让他们染指绿地。下次当你再次躺在草地上，听见树林外城市的嗡嗡声时，别忘了这些坚强勇敢的人们。

3秒钟速览

尽管伦敦建筑物林立，城市喧嚣，但这里还是有超过三分之一的土地被公共绿地所占据。

3分钟扩展

伦敦的一些公园最初是君主、王后及其贵族朋友的游乐场。海德公园最初是亨利八世的狩猎场。19世纪早期，摄政公园是为其附近住在别墅和联排住宅中的有钱人设计的私人公园。后来，当地政府才开始为普通人规划公园，首批公园便是于1845年建成的维多利亚公园和1858年建成的巴特西公园。

相关主题

大型地产 34页
联排住宅和广场 36页
赛场 112页

3秒钟人物传记

约翰·拉斯金
1819—1900
伦敦作家和批评家，他曾说"一个城市是否伟大，度量方法就是城市的公共空间、公园和广场的质量"。

乔治·兰斯伯里
1859—1940
来自社会党的国会议员，他从劳动者的利益出发，拆除围栏，让伦敦的公园对外开放。

本文作者

西蒙·英格里斯

伦敦有很多宏伟的公园，例如海德公园和摄政公园。

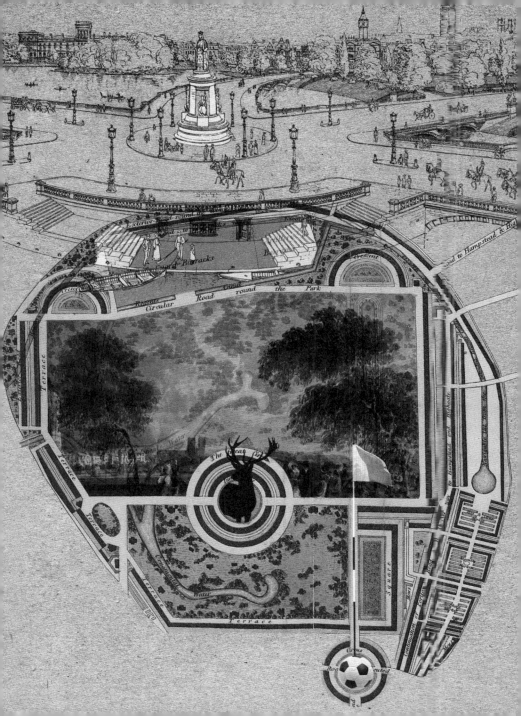

展会

30秒钟游览

1851年的万国工业博览会在约瑟夫·帕克斯顿设计的水晶宫举行，这次展会便是自此以后伦敦会展组织者竭力效仿的赚钱"模板"。1862年再次举办的该博览会，虽然从艺术上讲更为有趣，但在商业上却失败了。1908年，伦敦世界博览会（由法国和英国共同举办）时启用了怀特城，一直用于接下来的展会直至1914年，它因游乐集市而被人们所记住。1924年至1925年举办的由政府赞助的大英帝国博览会，实质上是爱国主义和殖民主义虚假表面下的贸易展，在位于温布利的各个新古典风格的混凝土建筑物中开幕了，这些建筑物包括温布利体育馆。泰晤士河南岸是1951年"不列颠节"的核心区域，这里有现代主义风格朴素的展示馆、喷泉和景观，这是一场"令国家精神为之一振"的成功盛会，宣扬了自由主义的价值观，以及与现代相融的国家观和新愿景。到目前为止最后一场大型展览是2000年于格林尼治半岛举办的"千禧年体验"展览，它充满了"专横跋扈且毫无魅力"的民粹主义，这是托尼·布莱尔领导的新工党的典型风格。其他主要的展览中心还包括奥林匹亚展览中心和伦敦展览中心，为伦敦主办的多项贸易展览提供场地。

3秒钟速览

伦敦的展会在教育、贸易、"帝国主义"和商业主义之间定位很不明确，它可能浓缩了不同时期的价值体现。

3分钟扩展

展会一直都是城市发展的媒介，如南肯辛顿的"阿尔伯特城"主攻教育和文化，而温布利则一直是位于郊区的体育场。泰晤士河南岸一直被认为失去成为伦敦中心的机会，但1951年的不列颠节却让这里得到再次开发，成为另一处文化中心和露天场所的集中地。最后，格林尼治半岛作为污染严重的前工业地区，于2000年由地铁朱比利线同伦敦中心连接了起来。

相关主题

公园、花园和露天场所 104页
赛场 112页

3秒钟人物传记

阿尔伯特亲王
1819—1861
维多利亚女王的丈夫，他的永久遗产是艺术和科学共存的南肯辛顿宫。

伊姆雷·齐拉菲
1845—1919
匈牙利神童，后来成为伯爵宫和怀特城"梦幻演出的表演大师"。

杰拉德·巴里爵士
1898—1968
报纸编辑、政治理想主义者，是提出"不列颠节"想法的人。

本文作者

阿兰·鲍尔斯

随着时间的流逝，多个展会在伦敦的建筑方面留下了永久的印迹。

市场

30秒钟游览

伦敦的市场是其商业活动的大本营。两千年来，市场一直是全球贸易网络的关键节点。伦敦的第一个市场称为公共市场，这是个大广场，它是罗马时期巴西利卡会堂的一部分，而这个会堂是欧洲规模最大的建筑之一，绵延占地2公顷（5英亩），位置就在今天的利德贺市场，其遗迹仍可见于此处一家理发店的地下室里。伦敦现存市场的起源可追溯至12世纪，当时伦敦在诺曼人征服英格兰后重新获得了英国最重要贸易中心的地位。在威斯敏斯特城新的定居点上建立了新的集市，在史密斯菲尔德的古罗马城墙外也建起了集市，在这里肉类交易持续进行了800多年。13世纪时，煤、铁、酒、玉米、盐和鱼类在比林斯门海鲜市场进行交易，到了16世纪这个市场专营鱼类直至今日，该市场于1982年时被撤出了伦敦旧城。伦敦在17世纪时的扩张，为伦敦东区的斯皮塔佛德和伦敦西区新兴的考文特花园带来了水果和蔬菜市场，它们让伦敦最早的意大利式广场变得不那么重要了。现在，位于沃克斯豪尔的新考文特花卉市场是英国最大的蔬菜、水果和鲜花市场。

3秒钟速览
在伦敦，人们珍爱的不少地标和游客目的地便是市场。

3分钟扩展
伦敦旧城长期曾是贸易的大本营，其街道的命名也对应着早期的市场，如木材街、牛奶街、面包街、家禽街和市场街。面料商、杂货商、首饰商、绸缎商、皮毛商、马鞍商等各个行会极力保护自己的贸易。1327年，伦敦旧城的市场权受到王室宪章保护，阻止在旧城10.6公里（6.6英里）的范围内开设市场，这是一个人在一天内可以步行往返售卖货物的最远距离。

相关主题
罗马时期的伦敦 6页
航海时代的伦敦和大英帝国 14页
钱，钱，钱 110页
购物 116页

本文作者
爱德华·丹尼森

在上流社会的"虚荣做作"和普罗大众的"艰难谋生"形成了强烈对比中，伦敦的市场兴盛起来了。

钱，钱，钱

30秒钟游览

从罗马时代起，伦敦旧城就是伦敦跳动的心脏，为城市提供金钱血液，滋养其金融和商业机构，充斥于其社会机理的每条纤维。在伦敦，钱币的制造开始于7世纪，1279年至1810年皇家铸币厂位于伦敦塔内，但现在金钱无形影响比其有形影响更显而易见。在20世纪80年代伦敦金融城建设前，伦敦的金融区还仅限于伦敦旧城"平方英里"内，这一区域大致是由古罗马城墙围成的。巍然耸立在伦敦旧城中心六条大街交汇处的是英格兰银行，它是英国首要的金融机构。该银行成立于1694年，于1734年搬到其位于针线街的现址，对面就是伦敦的商业中心"皇家交易所"和伦敦市长官邸。后来被称为"针线街老妇人"的英格兰银行经扩建，占地面积达到1.2公顷，增加了由约翰·索恩爵士设计的豪华附加建筑，其非同寻常不能被穿透的幕墙仍然环绕着该银行的一层。银行金库的钥匙接近一米长。

3秒钟速览
如果"金钱让世界运转"这句话是对的，那么伦敦一定就是金钱世界的中心。

3分钟扩展
金钱的语言扎根于伦敦丰富多彩的文化之中。诸如"Wonga"这样的术语随吉普赛人一起到来，但伦敦土生土长的金融术语则来自本地的押韵俚语。"面团（指代钱）"来自"面包"，是"面包和蜂蜜（指钱）"的简化。一英镑曾因"炖锅盖子"的押韵被称为"炖锅"，或被称为"基德"，这是17世纪对英镑的非正式称呼，或被称为"尼克"，它来源于俏皮话。

相关主题
罗马时期的伦敦
6页
伦敦旧城和威斯敏斯特城　12页
市场　108页

3秒钟人物传记
艾萨克·牛顿
1643—1727
1696年被任命为皇家铸币厂监管，1699年被任命为厂长，他担任该职位直至去世。

本文作者
爱德华·丹尼森

伦敦是世界领先的金融中心，每天有超过3万亿英镑通过其银行、交易所、保险公司和其他金融机构流动。

赛场

30秒钟游览

伦敦人喜爱大场面。12世纪时,威廉·菲兹蒂芬记述了史木斯菲尔德(今史密斯菲尔德)的球赛和赛马。16世纪时,成千上万的人在白厅观看马上比武。到了18世纪,最吸引人的比赛是在炮兵花园举行的板球比赛,该场地位于城市路,现在仍在使用。伦敦第一次举办现代奥林匹克运动会是在1866年。体操比赛是在"德国体育馆"举行的,该馆现在仍存在,就在圣潘克拉斯地铁站的旁边。在怀特城的英国广播公司旧媒体村旁边,能看见1908年奥运会马拉松比赛终点线的位置。温布利体育场于1948年主办了另一届奥运会。此后它进行了重建,现在拥有一个巨大的拱顶,可容纳9万名观众,是伦敦最大的体育场。大多数城市都竭力拥有一个多功能的大型体育场,但伦敦是个例外。除了温布利体育场,特维克纳姆体育场可容纳8.2万人,这里是英式橄榄球的故乡。2012年伦敦奥运会的奥林匹克体育场位于斯特拉福德,可容纳6万人。酋长球场可容纳6万人,这里是阿森纳队的主场。伦敦拥有14家职业足球俱乐部,比布宜诺斯艾利斯之外的任何城市都要多。同样的,与其他城市一样,伦敦对于只有一个板球赛场不满意,于是便有了两个板球赛场,即伦敦大板球场和椭圆体育场。而与此同时,温布尔登网球公开赛则是大满贯网球公开赛中唯一仍在草地上进行的比赛。

3秒钟速览

比起任何一个国际性城市,伦敦都拥有涉及体育项目范围更广、数量更多的国际体育赛场,可用于足球、英式橄榄球、板球、田径和网球等运动。

3分钟扩展

伦敦众多体育场馆的座位总数量约为78万个,其中22个场馆可容纳1万名以上的观众。相比之下,电影院和剧场则共有14.6万个座位。然而,最受欢迎的单项赛事是一年一度的大学划船比赛,自1829年起就在牛津大学和剑桥大学间开展。该比赛据称吸引多达25万人站在泰晤士河岸边或聚在桥上观看。

相关主题

展会 106页
公园、花园和露天场所 104页
赛场 112页

3秒钟人物传记

托马斯·罗德
1755—1832
酒商、职业板球运动员,在马里波恩建立伦敦大板球场。

阿奇博尔德·利奇
1865—1939
工程师,为切尔西、阿森纳和托特纳姆热刺等足球俱乐部设计了足球场。他的设计中保存最好的看台是位于泰晤士河边富勒姆的克拉文农场球场。

本文作者

西蒙·英格里斯

伦敦在运动方面的传统孕育了一些世界闻名的名字,如"温布尔登"和"温布利"。

俱乐部

30秒钟游览

30秒钟速览

伦敦的一些俱乐部就藏在众目睽睽之下，一些则藏在宏伟的宫殿里，还有一些则藏在没有标识的街边大门之后。俱乐部是伦敦复杂的权力结构和愉悦快乐的来源，有的清白有的罪恶。

3分钟扩展

要成为俱乐部的会员，通常需要两名现任会员推荐，并通过委员会或会员机构的投票程序。历史上，投票是通过在一个投票箱中放置黑色球和白色球进行的，得到黑色球的申请人便被认为不合适。女性仍被排除在很多俱乐部之外，其中主要是历史悠久的俱乐部。但只有女性会员的俱乐部从18世纪90年代起便存在了，数量也开始增长，主要集中在健身和文化领域。

英国的会员组织与众不同，这些组织服务各种各样的目的，如慈善、某些古怪的想法或是为了自我提升。伦敦传统的俱乐部聚集在伦敦西区，在社交上更为排外的俱乐部则位于圣詹姆斯街或卡尔顿联排住宅区，而建筑上更为华丽的则位于蓓尔美尔街。很多俱乐部仍然反映了它们在政治或职业方面的历史根源。它们是"家外之家"，提供食物、饮料、图书馆和其他设施。上流社会的俱乐部包括安娜贝尔俱乐部（1963年）。视觉艺术俱乐部包括朗廷和伦敦素描俱乐部（1838年）、布鲁姆斯伯里的艺术工作者行会俱乐部（1884年）和切尔西艺术俱乐部（1890年）。俱乐部形式的音乐表演兴盛起来。英国皇家爱乐协会（1813年）于1827年委托贝多芬创作了第九交响曲。夜总会通常都有舞蹈乐队，从而规避了许可证法。位于苏活区迪恩街的石像鬼俱乐部成立于1925年，曾展出法国画家马蒂斯的主要作品，1979年在此诞生了喜剧俱乐部"喜剧商店"。1959年罗尼·斯科特在苏活开办了以自己名字命名的爵士乐俱乐部，而查令十字地铁站下方的同性恋俱乐部"天空"则建于1979年。1991年在"大象和城堡"开业的"声音部"是伦敦首家专注于"浩室音乐"的俱乐部。

相关主题

伦敦的东区和西区
24页
艺术赞助　66页

3秒钟人物传记

查尔斯·巴里爵士
1795—1860
建筑师，设计了两处意大利文艺复兴时期豪华宫殿风格的俱乐部建筑物，分别是旅行者俱乐部（1832年）和改革俱乐部（1841年）。

马克·伯利
1930—2007
安娜贝尔俱乐部和马克俱乐部的建立者，前者以其妻子的名字命名。

本文作者

阿兰·鲍尔斯

伦敦的俱乐部迎合各种各样的喜好，包括古典优雅的巴里"改革"俱乐部、苏活区霓虹灯闪耀的爵士乐俱乐部和各种夜总会。

购物

30秒钟游览

3秒钟速览

伦敦是一个花钱的好地方，今天其著名的购物街对数百万信用卡持卡人来说具有极大的消费吸引力。

3分钟扩展

购物作为一种休闲活动基本上是在19世纪出现的，尤其是在令人印象深刻的百货商店里。很多早期的百货商店是实用型的，尽量通过各种门类服务吸引客户，但一系列的改进，如升降电梯和自动扶梯、改进的营销知识和不断变化的橱窗展示，便造就了本身便是购物目的地的商业机构。

如果英国是一个由店主组成的国家，那么伦敦就合适作这个国家的首都，牛津街和摄政街便是其最好的街道。伦敦长期以来都是市场的所在地，是一个销售货物川流不息的港口，伦敦的店主们助力了18世纪的消费者革命，定义了服饰、瓷器或首饰的时尚趋势。现在最重要的购物街是斯特兰德大街，在这里第一次出现了凸橱窗，让店主们能将货物摆放起来进行整体展示。但到了20世纪早期，受到美国购物方式的影响，哈罗德百货商店和塞尔弗里奇百货商店成为旅游目的地，随着公共设施和咖啡馆的引入，百货商店还为女性提供了空间及工作机会。现在，伦敦同大多数其他城市一样，大型连锁店占据主导地位，但它仍然保留奢侈品店和具有传统特色的购物区，例如萨维尔街的定制裁缝店。城市规模面积和地理位置使伦敦摆脱了大型购物商场占据主导地位的情况，但是围绕着伦敦还是兴建了一些商业中心，如20世纪60年代的布伦特十字购物中心、20世纪90年代的蓝水购物中心，以及最近面积更大的位于谢普尔布什的威斯特菲尔德购物中心和斯特拉斯福德购物中心。

相关主题

伦敦的东区和西区 24页
市场 108页
钱，钱，钱 110页

3秒钟人物传记

哈里·塞尔弗里奇
1858—1947
美国零售商，于1909年在牛津大街开办了塞尔弗里奇百货商店。

本文作者

马修·肖

购物者喜欢伦敦，几乎没有商店比哈罗德百货商店和塞尔弗里奇百货商店更能体现这种喜爱。

剧院

30秒钟游览

在摄政街以东、苏活区以南和金士威街以西被称为"剧院区"的地区，有大量的剧院密密麻麻地聚集着。剧院区的历史可追溯至1660年的王室复辟时期，当时室内剧院变得流行起来。早期的剧院已经重建，通常还重建过多次，但特鲁里巷剧院（1662年）、干草剧院（1710年）和考文特花园剧院（1732年）从未重建过。莎夫茨伯里大街是19世纪80年代才有的街道，街上的"林荫道"剧院有浓重的爱德华七世时期的风格。另一剧院聚集的地区位于圣马丁街和查令十字街之间。位于泰晤士河南岸的国家剧院同老维克剧院、小维克剧院和重建后的莎士比亚环球剧院属于另一个剧院聚集区。实验剧院和边缘剧院在位置更偏远、更廉价的街道上。剧院区养活了服饰供应商和其他供应商，它们同酒吧和餐饮业共享客户和表演者。历史上，这些机构通常是一体的，如由包办伙食的人在19世纪70年代建立的标准剧院，而萨伏伊剧院（1881年）则并入了同一管理团队经营的酒店。

3秒钟速览

尽管伦敦的中心被剧院各剧院包围，但它们还是得通过大量的电影或音乐来维生。

3分钟扩展

由于特别规划法对伦敦各剧院的使用进行保护，这些剧院中的大多数仍能上演现场表演，即便是不再使用的剧院也受到保护。很多剧院建筑还是受保护的建筑，而一些剧院建筑的所有人，如拥有八家剧院的代尔冯特·麦金托什和拥有六家剧院的安德鲁·劳埃德·韦伯，他们为剧院进行了急需的修复工作，如现已出售给尼玛克斯集团的官殿剧院和特鲁里巷剧院。考文特花园歌剧院和伦敦大剧院这两座歌剧院为了迎接千禧年，使用公共资金进行了扩建和现代化改造。

相关主题

伦敦的东区和西区 24页

电影 72页

人物介绍：内尔·格温 121页

3秒钟人物传记

戴维·加里克
1717—1779
杰出的演员、剧院经理，他提升了剧院的名声。

弗兰克·马查姆
1854—1920
伦敦大剧院和赛马场的建筑师。

休·"宾基"·博蒙特
1908—1973
伦敦西区的剧院无冕之王、制作公司H.M.特南特的共同创始人。

本文作者

阿兰·鲍尔斯

几个世纪以来，伦敦的各个剧院一直吸引着大批观众。

1650年
出生于伦敦的赫里福德或牛津

1664年
以橘子小贩的身份进入剧院的世界

1665年
在布里奇大街街剧院开始其演艺生涯

1668年
与国王查理二世展开恋情

1670年
生下第一个儿子查理,他后来成为伯福德伯爵

1671年
生下第二个儿子詹姆斯,但于六岁在巴黎去世

1671年
结束表演生涯

1687年
因晚期梅毒引发的并发症去世

人物介绍：内尔·格温

NELL GWYN

日记作者塞缪尔·佩皮斯称呼内尔·格温为"漂亮聪明的内尔"。她是英国历史上最受人喜爱和怀念的"情妇"，她"麻雀变凤凰"的人生故事是王室复辟时期的"解放运动"缩影。她的美貌、讨人喜爱的性格、机智和令人敬畏的才华，都让她从考文特花园附近穷困社区贫寒家庭的小孩一跃而成全英国最好的喜剧女演员，并成为国王查理二世的情妇。但她在37岁时就去世了。

内尔·格温以一种"困难"的方式学习表演。她帮助妈妈经营妓院，还在伦敦的街道上叫卖货物，她因而变得更加坚强，锻炼了惊人的社交能力和可以增强喜剧效果的节奏感。奥利弗·克伦威尔摄政时期实际上禁止戏剧演出。后来剧院恢复，1662年查理二世又让女性演出合法化，于是内尔·格温等女演员可以从事她们自己选择的行当。她最开始在德鲁里巷的皇家剧院卖橘子，但一年内她就成了一名女演员。1665年3月，她出演约翰·德莱顿编剧的剧目《印度皇帝》，演对手戏的男演员是著名演员查尔斯·哈特，后来他俩成了恋人。这对情侣共同出演了大量王室复辟时期的戏剧，如同样为德莱顿编剧的《处子女王》。他们很受欢迎，引起了大量的关注。

1667年，格温开始同诗人兼朝臣查尔斯·萨克维尔即巴克赫斯特勋爵交往。她俏皮地将男方称为"查尔斯二号"，因为查尔斯·哈特是她的"查尔斯一号"，一年后她又同她的"查尔斯三号"即真正的查理二世搞在一起。他俩的关系广为人知，并成为大量讽刺言论的话题。1670年，她生下了自己的第一个孩子查尔斯，这个孩子是国王跟五位情妇生下的第七个孩子。第二年她又生下了第二个孩子詹姆斯，于是她不再当演员，时年仅21岁。在查理二世的13位情妇中，内尔·格温是要求最少的。国王尊重她的克制，给了她大量的财产，其中就包括位于蓓尔美尔的联排别墅、位于温莎的一处乡间别墅以及位于舰队河岸边的避暑住宅，这里后来成为受人欢迎的巴尼吉温泉浴场。制作于1680年的一块牌匾上面画有一张脸，并写着"这里是巴尼吉住所"的字样，如今保存在国王十字路61—63号的墙上，而巴吉尼住所和内尔·格温的名字仍然保留在附近玛杰里住宅区伊斯灵顿小区的两幢楼的名牌之上。内尔·格温被埋葬在圣马丁教堂，这里与她度过穷困童年的地方同属一个街区。

爱德华·丹尼森

谜一样的伦敦

谜一样的伦敦
词汇表

1348年黑死病（Black Death，1348） 当时被称为大瘟疫。黑死病是有史以来最具破坏性的瘟疫，由淋巴腺型鼠疫引起。它在1348年出现后，在两年时间内使欧洲和伦敦（4万人）减少了一半的人口。

淋巴腺型鼠疫（bubonic plague） 一种细菌感染疾病，在14世纪至17世纪造成连续的瘟疫，使全世界数百万人丧生。

伦敦旧城（City of London） 由伦敦市法团管辖的城市和郡的名称，其地理范围大致是以罗马时期定居者的城墙为界，也被称为"平方英里"。

点值图（dot map） 一种测量方式，使用保存在地图上的点子的形式来代表某种现象的发生及其地理位置。

随葬品（grave-goods） 同尸体一起下葬的物品，通常是个人物品和工艺品或供品，人们相信这些物品能在来世帮助死者。

1666年伦敦大火（Great Fire，1666） 伦敦至今最大的火灾，起于布丁巷的一家面包坊，大火燃烧了三天，席卷了中世纪的街道，摧毁了超过1.3万间木制建筑物，包括87座教区教堂和历史悠久的老圣保罗大教堂。

1665年大瘟疫（Great Plague，1665） 最后一次鼠疫大爆发，超过10万名伦敦人丧生，占该市人口的四分之一。

工业革命（Industrial Revolution）
工业形式生产和制造的崛起和扩展，它取代了手工劳动和手工生产。起源于17世纪中期的英国，并迅速扩展到整个世界。

伦迪尼乌姆（Londinium） 罗马时期伦敦的称谓。该城在43年罗马人入侵不列颠后旋即建立。"伦敦"这座现代城市从这个名字得名。

瘴气（miasma） 古代理论认为，疾病的传播是由腐烂物质产生的有毒气体造成的。这种认识一直占据统治地位，直到19世纪现代科学的发展对其进行了否定。

1381年农民起义（Peasants' Revolt, 1381） 肯特郡和埃塞克斯郡的农民起义引发了瓦特·泰勒领导的示威游行和史无前例的占领伦敦塔的运动。年轻的国王理查二世同农民进行谈判，但他后来撤回了让步，泰勒后被伦敦市长所杀。

盗尸人（resurrectionist） 又被称为掘尸人，他们将死人尸体挖出后出售用于解剖，在18世纪达到顶峰，当时医学研究兴盛，且没有法律禁止这样的行为。

墓地

30秒钟游览

伦敦已知最早的墓地位于东区的布莱克沃，可追溯至前4000年。史前的墓地大多是火葬场，也在伦敦西区被发现过，也有证据表明泰晤士河可能也曾在史前用于下葬。罗马时期的伦迪尼乌姆曾被墓地包围，拥有成千上万的墓地及具有异域风情的随葬品。中世纪的教堂拥有大量的墓地，高级教士和有钱的赞助人葬于教堂内部，而穷人则葬在教堂外，在灾荒时期有时会群葬。人们传说，伦敦处在瘟疫的死人坑里，但目前只发掘出两处黑死病的墓地。人口的增加，城市化的提升，霍乱和伤寒等疾病的增加，这些都是问题。19世纪时，墓地已经被塞满了，但尸体不能完全分解。于是出现了臭名昭著的掘墓人，他们偷盗坟墓，出售尸体作解剖研究之用。伦敦的墓地于1851年根据议会法案关闭，但人总是继续要死的。一个解决方法便是在伦敦之外开辟新的墓地，由专用的火车连接起来。于是，伦敦墓地公司便成立了，布鲁克伍德公墓也投入使用。伦敦的现代化墓地几乎全满了，那么未来死去的人又要到哪里去安葬呢？

3秒钟速览

数千年来，伦敦的墓地已经从小小的纪念之地变成经过精心设计的供奉逝者的景观。

3分钟扩展

从18世纪时，人们关于小型教堂墓地"人满为患"的担忧日甚，但直到1832年，后来被称为"七大墓地"中的第一座墓地才被开放用以解决上述问题这些墓地是建筑上的杰作，也是远离伦敦现代喧嚣的避风港。它们分别位于肯萨尔格林、海格特、西诺伍德、阿布尼公园、南海德、布郎普顿和鲍。

相关主题

公园、花园和露天场所 104页
传染病 136页

3秒钟人物传记

巴西尔·霍尔姆斯夫人
1861年出生，去世时间不详
研究伦敦墓葬，并于1897年出版了《伦敦坟场》，引人入胜又内容丰富，描述了约五百处墓地。

本文作者

简·塞德尔

伦敦是猎鬼者的天堂，这里有数百处墓地，既有小型私人墓地，也有大型公共墓地。

伦敦的地下

30秒钟游览

伦敦位于上覆软弱黏土的白垩纪盆地中,两千年的发展史意味着深埋于地下的伦敦历史和其地下活跃的基础设施得到了很好的保护。伦敦丰富的考古发现表明,在办公楼和住宅下方有罗马时期的浴室和中世纪的小修道院。泰晤士河隧道是世界上首条在可航行河流下方建造的隧道,它于1843年开通,是英国伟大的工程大师伊桑巴德·金德姆·布鲁内尔和他的父亲马克的成果。随后兴建的是世界上的第一条地铁,它开通于1863年,开启了地下6~56米的大规模交通网络。但最伟大的地下工程成就可能当属约瑟夫·巴泽尔杰特无与伦比的下水道系统,它于1865年启用,对伦敦的废弃物来说是一次革命。19世纪70年代的泰晤士河河堤工程有效地覆盖了巴泽尔杰特建造的由低层下水道系统、地铁、电报系统和给水总管组成的多层地下结构。从1927年起,甚至连邮政也在地下20米处由无驾驶员的铁路线运输。第二次世界大战时,地下成了避难所,此时伦敦在各处建设了八个埋深很深的防空袭避难所。之后,1948年"帝国疾风号"船舰带来的西印度群岛移民便临时住在克拉珀姆南的避难所中。

3秒钟速览

伦敦的大量考古发现、维多利亚时期城市改造的地下管网,以及20世纪的通信网络,构成了伦敦的地下史。

3分钟扩展

正是1858年的下水道事件和霍乱爆发,刺激到了伦敦大都会的工程委员会,从而投资建设合理的下水道系统。建筑工程师约瑟夫·巴泽尔杰特开创性地设计了一个隧道网络,使废弃物因重力沿着排水通道向东排放。多亏了他的远见卓识——隧道的宽度为维多利亚时代所需宽度的两倍——因此它现在仍是伦敦下水道系统的基础。

相关主题

工程　94页
地铁　98页
传染病　136页
消失的河流　138页

3秒钟人物传记

约瑟夫·巴泽尔杰特
1819—1891
土木工程师,他设计了维多利亚时期伦敦的下水道系统,该系统至今仍服务现代的伦敦。

本文作者

艾米莉·吉

伦敦拥有世界上最大的地铁系统之一,有维多利亚时期数百公里长的下水道,因此在伦敦还有很多用眼睛看不到的地方。

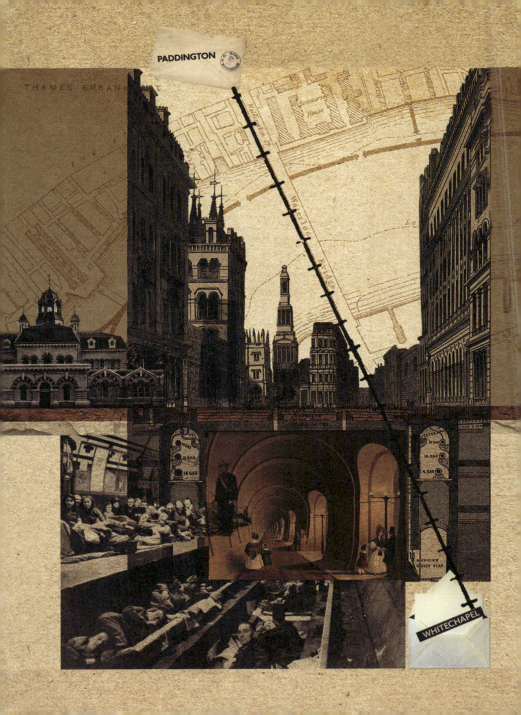

犯罪

30秒钟游览

伦敦同犯罪的血腥关系历史悠久，因此全世界对苏格兰场、老贝利街（伦敦中央刑事法院）和夏洛克·福尔摩斯等名字很熟悉。犯罪行为"帮助"塑造了这个城市的社会、外观和法律特征，开创了防范犯罪、法律机构甚至文学种类的新形式。伦敦最早防范犯罪的系统性体系是由罗马人建立的。1285年的温切斯法案对警务作出了规定，由本地拿薪水的巡夜人管理警务。到了18世纪，工业革命加速了伦敦的城市化和扩张速度，于是需要更为高效和有组织的警务系统。1798年，建立了泰晤士河警察局。1829年《大都市警务条例》出台后，泰晤士河警察局被并入新成立的伦敦警察厅。查尔斯·罗万和理查德·梅恩被任命掌管这支新队伍，从他们身上也诞生了"波比"这一警察的昵称。他们在白厅广场4号工作，这里背靠着一个被称为"苏格兰场"的小院子，从此这个名字便成为伦敦警察厅总部的同义词。伦敦金融城警察局成立于1832年，独立于伦敦警察厅运作。

3秒钟速览

伦敦有三支独立的警察队伍，分别为伦敦警察、伦敦金融城警察和英国交通警察。

3分钟扩展

伦敦有一些世界上最臭名昭著的犯罪分子，从维多利亚时期在伦敦制造恐怖事件的"开膛手杰克"到伦敦东区黑社会双胞胎罗纳德·克雷和雷吉纳德·克雷。伦敦最非同寻常的罪案之一是1911年围攻西德尼大街。警方和拉脱维亚加德斯坦黑帮之间的对峙使得内政大臣温斯顿·丘吉尔不得不送来了重武器，但黑帮分子在武器到来之前因房屋被焚毁而丧生。

相关主题

庇护所　18页
抗议活动　80页
人物介绍：夏洛克·福尔摩斯　133页
酷刑和死刑　134页

3秒钟人物传记

查尔斯·罗万和理查德·梅恩
1782 —— 1852和1796 —— 1868
伦敦警察厅首任联席警长。

吉尔伯特·马更些·特伦奇
1885 —— 1979
伦敦警察厅的测量师和建筑师，设计了蓝色警察岗亭，因出现在电视剧《神秘博士》中而为人所熟知。

本文作者

爱德华·丹尼森

长期以来，"犯罪"都在伦敦的流行文化中占据着中心位置。

1854年
出生于1月6日（有争议）

1866年
就读于约克郡的一所文法学校

1872年
进入牛津大学的基督堂学院

1879年
居住在蒙塔古大街，调查他在伦敦的第三个案子

1881年
遇到华生博士，居住在贝克街221号b座

1887年
亚瑟·科南·道尔以华生口述的形式出版了第一部著作——《血字的研究》

1891年
福尔摩斯假造自己去世的消息

1903年
退休，搬到萨塞克斯郡乡下

人物介绍：夏洛克·福尔摩斯
SHERLOCK HOLMES

对很多人来说，夏洛克·福尔摩斯仍然是这个时代最伟大的侦探，他推动了刑事技术的进步，展现了法医学和演绎推理在解决复杂棘手案件，尤其是暴力犯罪方面的巨大威力。

福尔摩斯出生于1854年，具体日期尚有争议。他接受的是古典教育，大学期间学的是化学。他在与他人相处的过程中未能找到快乐，对艺术或纯科学也不太感兴趣，于是他的青年时光便被用来提升通过特殊物证来推断演绎出结论的能力。他还精进武艺，成为一位一流的拳击手、武术家、剑客和枪手，并展现出作为演员的才能。福尔摩斯很享受于用自己的技巧来调查同学和家长带给他的案子。

对这些案子的成功调查鼓舞了福尔摩斯，他于1877年来到伦敦，成为一名私人侦探。刚开始的六年，他并未取得成功，经济上也很拮据。为度过难关，他为自己位于贝克街221号b座的公寓找了个分担房租的人，即约翰·H.华生医生。这条街离大都会铁路的火车站不远，很不起眼。阿瑟·科南·道尔出版的探案故事集，通过华生医生的口吻，讲述了福尔摩斯和他的探案故事。也许华生太过于有同理心，他获得了关于福尔摩斯的一手信息，但他并非是完全可靠的见证者。

尽管福尔摩斯可以召唤一大批提供消息的线人，包括"贝克街非正规军"，但他依靠的还是自己对伦敦地理和地形的熟悉，在这方面他是无人能及的。他破解了一些在伦敦最为声名狼藉的案子，挫败了伦敦最为臭名昭著的犯罪分子，包括莫里亚蒂教授，并服务于伦敦社会范围极广的人群，其中既有来访的王公也有女家庭教师。华生对福尔摩斯的描述不断地让人在想象中对维多利亚时代的伦敦进行重构。

1891年，在瑞士莱辛巴赫瀑布同莫里亚蒂博士进行激烈打斗后，福尔摩斯尸骨无存，人们第一次认为他死了。事实上，他没有死，并于1894年回到了伦敦。接下来的十年里，他不再从事侦探工作，而是在萨塞克斯作了一名养蜂人。福尔摩斯淡出了公众生活，他确切的去世日期没有人知道。

尼克·比奇

酷刑和死刑

30秒钟游览

3秒钟速览

伦敦人喜欢看绞刑。公开行刑伴随狂欢的氛围，吸引了成千上万的观众，他们喧闹作乐，庆祝另一位伦敦同胞的死亡。

3秒钟扩展

伦敦塔是死刑和酷刑的代名词。除非在少数情况下要被处死的人是名人，公开处决通常是在塔丘外进行的。亨利八世的妻子安妮·博林和凯瑟琳·霍华德都是在伦敦塔建筑群内的绿塔被砍头的。除了死刑，人们想出各种可怕的装置来进行刑讯逼供，包括拉长肢体的拷问台和用于压缩身体、被称为"清道夫的女儿"的刑具。

到19世纪前，公开处决都吸引着大量的人群，他们看到绞刑刽子手的绳套时便狂欢起来。伦敦历史最悠久的刑场是泰伯恩刑场，就在现在大理石拱门的下方。在六百多年的时间里，囚犯从纽盖特监狱出发，沿着牛津街的路线被游街，然后被处以绞刑。1783年泰伯恩刑场被关闭，纽盖特监狱就建立了自己的绞刑架，囚犯在此被公开吊死，这一直都是公众的娱乐项目，直到1868年芬尼运动成员迈克尔·巴雷特被处以绞刑时这一状况才被改变。附近的史密斯菲尔德是一个多功能的刑场。1305年，苏格兰爱国者威廉·华莱士在此被绞死，然后被挖出内脏并被肢解。1381年农民起义领袖瓦特·泰勒在此被斩首，1410年约翰·拜德比因否认宗教上的事实而被困在桶中烧死。史密斯菲尔德还进行过英国历史上第一次公开将人烹煮而死的刑罚。1531年，罗切斯特主教的厨子理查德·罗斯被烹煮而死。其他著名的刑场还有沃平的刑场码头和查令十字刑场，后者还有用于公开鞭打的刑具。1649年1月30日下午2点，伦敦人见证了这座城市里最著名的死刑行刑。国王查理一世被从白厅宴会厅的一个窗户中拖出来，带到断头台上，然后刽子手的斧子一下子就砍下了他的脑袋。

相关主题

犯罪　130页

3秒钟人物传记

威廉·华莱士
约1270—1305
1305年在史密斯菲尔德被处死。

盖伊·福克斯
1570—1606
在议会外的旧皇宫庭院广场被绞死，他曾企图炸毁国会。

查理一世
1600—1649
英国最著名的死刑对象之一，他于1649年在白厅的断头台上被斩首。

本文作者

爱德华·丹尼森

伦敦人过去经常会陶醉于公开执行死刑的"大场面"。

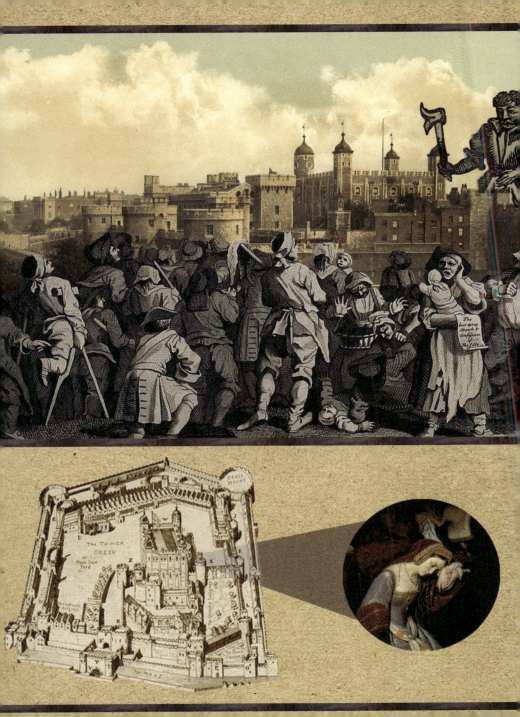

传染病

30秒钟游览

3秒钟速览
伦敦总是受到传染病的困扰，从而产生了文化上的间接负面影响，并对生存本身带来了威胁。

3分钟扩展
1854年，约翰·斯诺医生拆除了现今苏活区宽街的水泵的把手，从而制止了一场霍乱的传播，这件事非常有名。尽管现代研究表明，传染病可能已在斯诺医生的举动之前就已减弱，而且他也没有用所谓的"点值图"来溯源传染病的来源，他还是因成功将科学办法用于公共健康和传染病防治被载入史册。

伦敦是一个拥挤的城市。人与人之间距离太近，卫生设施有限，水容易受污染，以及络绎不绝的外来者，都让伦敦的历史留下了疾病、传染病和瘟疫的印记。对疾病的恐惧塑造了这个城市的格局，有钱人逃离城市去到农村，而穷人居住的区域则是人们担心的传染地。1348年的黑死病和1665年的大瘟疫是爆发40多次的淋巴腺型鼠疫中最为恶劣的，这些疫情不但传播了恐慌，还给市政当局带来了现实的挑战，如怎样处理死者的尸体，如何就传染病向政府预警。糟糕的卫生条件助长了19世纪伤寒、斑疹伤寒和霍乱的爆发，这种状况又造成了对穷人和移民的恐慌，因为他们被认为携带了疾病，还让人们更加相信瘴气会传播疾病这种观点。但它也促使人们第一次认真尝试绘制疾病图表并缓解传染病对公共卫生的挑战。这些过去的传染病仍在城市的身上留下了印迹，如在建筑工地里发现的"瘟疫坑"。而艾滋病和不断增长的耐药性肺结核病等现代传染病，仍继续给公共卫生制造麻烦。

相关主题
伦敦的东区和西区 24页
城市改造 38页
墓地 126页

3秒钟人物传记
约翰·斯诺博士
1813—1858
内科医学和传染病学的先驱，他怀疑疾病的瘴气理论，认为受污染的水才是霍乱传播的原因。

本文作者
马修·肖

伦敦在历史上被各种传染病困扰，其中最严重的一次夺去了该市一半的人口。

消失的河流

30秒钟游览

3秒钟速览
伦敦在地理上处于一个盆地中,这个盆地曾布满小河,这些小河像支脉一样汇入泰晤士河这条主脉。

3分钟扩展
伦敦已消失的河流中最大的当属舰队河,它从汉普斯特德经卡姆登镇汇入泰晤士河。在汇入处,它的宽度曾达到200米,而克里斯托弗·雷恩曾建议在这里修建威尼斯式的堤坝。过去,游泳的人常常在圣潘克拉斯附近下河,但到了19世纪其水质已严重恶化。这条恶臭的水槽现今已被覆盖,成为法灵登路下方的下水道,但其古河道仍能在克勒肯维尔和霍尔本高架桥周围的陡峭山坡上看到。

泰晤士河可能是伦敦名声最大的水道,但它并不是这一区域唯一的排水水道,这里的水可能来自天上,或来自泉水,或自人们家中排出。伦敦周围的区域曾有过20多条蜿蜒流入泰晤士河的河流,但现在它们几乎已经完全被巨大的都市所覆盖,被导入涵洞、水管和下水道。尽管隐藏在人们的视线之外,它们还是在伦敦的外观、词源、文学和政治景观方面留下了不可磨灭的印记。这些小河小溪流经罗马时期的城墙,其痕迹可从伦敦旧城"沃尔布鲁克"这个名字看出来,它表示水流汇合。椭圆形体育馆的环形形状是埃弗拉河曾经蜿蜒流淌的河道的"活化石"遗迹。19世纪舰队河恶臭的状况给了当地居民查尔斯·狄更斯灵感,他将这条河作为《雾都孤儿》中费金"老巢"的背景。伦敦的皇家公园里有通过河流改道"调水"形成的湖泊,如韦斯特伯恩河,它填满了海德公园的蛇形湖。伦敦的河流还在政治地图上留下了印记,河流作为古代的屏障,构成了边界,继续将各个地方分隔开来,如舰队河将卡姆登和伊斯灵顿分开,而韦斯特伯恩河则将威斯敏斯特同肯辛顿和切尔西分开。

相关主题
地质和地理　4页
泰晤士河　10页
伦敦的地下　128页

3秒钟人物传记
克里斯托弗·雷恩
1632—1723
建筑师,在17世纪晚期监造了舰队河的改造工程。

查尔斯·狄更斯
1812—1870
居住在舰队河堤畔,从这条曾经荣耀但后来"穷困潦倒"的河上得到了灵感。

本文作者
爱德华·丹尼森

伦敦"消失的河流"被人们以地名、地形、街道形式和政治边界的方式铭记下来。

丈量伦敦

30秒钟游览

自从16世纪50年代第一批伦敦全市范围的地图问世以来，伦敦就已经被人们用绘画的方式记录下来了。在1543年和1647年，艺术家温加尔德和霍拉分别在威斯敏斯特城、伦敦旧城和萨瑟克的全景图中，一丝不苟地记录下了中世纪晚期各处的布局和地形。这些文艺复兴时期的画作对于现代人来说，可能是一种全景呈现。伦敦大火之后，示意图得到了更为广泛的应用，例如在1677年，约翰·里克记录了躲过一劫的建筑物和受灾区。此种情形在三个世纪之后又重演了。第二次世界大战期间，政府将空袭警报哨收集的信息汇总，确定伦敦建筑物的受灾程度，并根据相关性确定人们生命的受灾程度。同样令人感到"不安"但对于历史学家有用的示意图，则是19世纪时查尔斯·布斯使用不同的颜色表示伦敦不同社会阶层的示意图。1931年，哈利·贝克再次使用各种颜色做示意图，他设计了伦敦地铁系统的示意图，这是一项巨大的成就，成为全世界地铁图的样板。在此期间，菲利斯·皮尔索尔开始其史诗般的旅程，在伦敦街道地图《伦敦：从A到Z地图集》中记录了伦敦的每条街道，从此成为驾驶人和步行者的得力助手。

3秒钟速览

伦敦第一次作为一个城市被"丈量"是在16世纪，其后几百年里，它被漂亮、详细分区并且实用的地图描绘记录了下来。

3分钟扩展

19世纪90年代，改革家和社会研究者查尔斯·布斯开始用一种特别详细的地图来记录伦敦人的财富和贫穷状况，这就是《伦敦人的生活和劳动地图》。他手下的研究人员挨家挨户进行拜访，记录居民的工作和收入，并用颜色将这些信息编码，分成七组，从"最低层、半犯罪（黑色）"到"中上层和上层、富裕（黄色）"。大量的黑色和深蓝色图块旁边是数量较少的黄色和红色图案，展现了维多利亚晚期伦敦各阶层混杂的图景。

相关主题

大火　32页
地铁　98页

3秒钟人物传记

安托·范登·温加尔德和文策斯劳斯·霍拉
1525 — 1571和1607 — 1677
艺术家，他们发明了伦敦最早的全景图。

查尔斯·布斯
1840 — 1916
用生动的图形颜色描绘维多利亚晚期的经济状况。

哈利·贝克
1902 — 1974
设计了伦敦地铁标志性的示意图。

菲利斯·皮尔索尔
1906 — 1996
绘制了伦敦的街道地图《伦敦：从A到Z地图集》。

本文作者

艾米莉·吉

人们试图通过展示伦敦五花八门的特征来理解它。